水適能 Water Fitness
運動入門

柳家琪、詹淑珠、黃蕙娟、戴琇惠◎編著
臺灣水適能協會◎主編

洪序

　　近二年因擔任健康管理公司總經理職務的關係，不斷思考如何能帶給會員朋友健康、休閒、養生的健康管理及活動規劃，以促進會員朋友健康，在這樣的情形下接觸了這項連不會游泳的朋友也能在水中怡然自得而又能雕塑身形的「水適能」運動。套一句時下最流行的臉書（facebook）用語，就是「讚！」

　　水適能運動巧妙地運用了水的特性，包括人在水中所產生浮力及阻力的交替作用，促使身體在水壓、浮力及重心等環境的同時，讓全身肌肉均衡地總動員，以產生運動有氧的效果，並在指導老師的動作帶領下，自然的在水中舞動韻律，在活動結束後，都會有全身舒暢愉快的心情享「瘦」。

　　從預防醫學及運動醫學的角度來觀察，現代人在長期不良的飲食習慣及忽略運動的情形下，容易導致「三高」疾病，身體機能退化肥胖、營養失調、抵抗力降低、內分泌失調、慢性心血管疾病等；更在緊張的生活步調及各種壓力下，甚至產生精神上的疾病，要改善這些情況除了定期健康檢查，做好慢性病控制外，根本之道還是在規律的生活及運動，而水適能運動正是結合了健康體適能及休閒養生的最佳選擇之一。

　　累積財富是多數民眾的夢想，當銀行存款後面的「0」愈來愈多之際，除了感到欣喜之外，卻忽略了健康是許多「0」之前的「1」，沒有健康，後面在多「0」都沒有意義。「人是可以選擇生命的長度」是諾貝爾經濟學獎得主葛羅斯曼（Grossman）教授，在1972年所提出健康需求理論中，談及健康資本的概念，他認為個人

可以「選擇」生命的長度，人一出生就開始會有折舊，但是人可以透過生活型態的改變、預防保健、醫療服務、食物、運動等來累積健康的「存量」；換言之，對健康資本投資的報酬就是增加健康的時間。

相信透過臺灣水適能協會這本書的介紹，能讓更多朋友瞭解到水適能運動，也提供怕水又不敢游泳的「旱鴨子」，尋得另一片有益身心健康的水世界；同時，也提供不適陸地運動的朋友，有多一個運動的選擇──健康又安全的運動方式，讓大家都能達到人生的最高境界，就是「活得久、活得好、老得慢、長得美」！

新光健康管理公司　總經理

洪子仁

陳序

　　多年前我接受林務局委託，執行森林遊樂區健康促進的研究計畫，探討森林與溫泉對人體的健康效益，遊客在谷關溫泉浴30分鐘前後接受抽血檢查，發現單次的溫泉浴，就能明顯降低血中的氧化壓力物質與血管硬化指標物質，讓我十分驚訝溫泉浴居然有如此驚人的健身療癒效果，所以2004年藉由參加第八屆國際行為醫學研討會在德國舉行的機會，順道前往世界知名的水域治療天堂——巴登巴登，實地參觀考察溫泉水療的發展，發現最大的公共浴場中間，有一個專門為水中站立運動設計規劃的環型水池，教練站在中間的講台上，配合音樂帶動周圍一圈參與的民眾，互動歡樂的畫面讓我印象深刻，原來除了醫院復健的水療，以及休閒溫泉浴等靜態的浸泡，藉由水溫與水流，溫和的誘發身體放鬆、恢復疲勞與增加關節活動度之外，也可以利用水的特性，在水中進行動態的身體活動訓練，但卻不必然是漂浮於水中、技巧性較高的游泳運動。

　　這種身體直立水中的運動，正是目前非常受到許多研究肯定的「水中體適能運動」，也是本書作者「台灣水適能協會」全力積極推動的新興健身運動，因為這項運動能：(1) 藉由水的浮力減少下肢關節的負重；(2) 藉由動作增加水對移動肢體的阻力；(3) 藉由水的流動對皮膚與身體產生擠壓與按摩的效果，再加上水溫與水質的調整，冬天在溫水中運動，促進血液循環、全身溫暖舒暢；夏天在冷水中運動，清涼快意、暑氣全消。因此這項運動非常適合在台灣發展，也非常適合所有的社會大眾，尤其是體重過重與下肢關節活動有問題的民眾，在水中運動除了游泳又多了一項選擇。

　　這本書正是爲了提供正確、安全與有效的水中體適能活動資訊，讓相關專業人士與有興趣的民眾，有機會認識這項運動而編寫，全書大致分爲三個部分：「原理篇」的基礎知識，到「教學實務篇」的實作要領，再到「應用篇」等具體完整的課程規劃，循序漸進有系統地提供完整水中體適能運動的相關資訊。個人身爲推動運動健康促進的專業人員，非常樂於向社會大眾推介這本好書。

陽明大學運動健康科學研究中心　主　任
台灣運動健康學會　理事長
中華民國有氧體能動協會　理事長

陳俊忠

2011/04　於台北

　　大約在二十年前，中華民國有氧體能運動協會首次將水適能課程引進臺灣的體適能業界，十多年來也不定期地辦理進修研習課程。近年來，國內外對水中垂直運動的相關研究文獻愈來愈多，很多的資料也證實這樣的運動方式具有多種訓練效益；國內許多公民營的運動場館日漸增多，各級學校社區的健身硬體設施也會建置泳池；另外，由於臺灣高齡人口快速增加，選擇在水中運動以促進健康成為許多特殊族群的最佳選擇。由於上述各項主觀與客觀條件日趨成熟，為了有效推廣水適能，一群有心的體適能專業從業人員在2004年5月22日成立了「臺灣水適能協會」，並討論決議將「健康、學習、分享」定為協會的三大宗旨。

　　協會曾在2005年編譯出版了《Water Fit水中體適能教學手冊》，這本書是協會辦理專業水適能指導員證照課程的重要教材。五年多來，除了培養兼具專業知識與教學技能的教學人才外，也從學校、社區與體適能產業等各層面來推廣教育水適能運動；時至今日，一般民眾對於「水適能」的認識已大幅提升，從事水適能運動健身的人口也有明顯成長。

　　為了讓一般想進一步瞭解水適能的民眾也能得到正確且完整的資訊，我們彙總了國內外相關資料，並融合協會幾位老師的實務教學推廣經驗，編纂完成了《水適能運動入門》一書，希望不論是從事水適能教學工作者，或是有意從事水適能運動來健身的民眾，都可以從本書中獲得簡單易懂且實用的資訊，是一本專業又實用的參

考工具書；更讓想進入水中運動的人，也能快速上手來體驗水中運動的樂趣！

我們希望藉由本書的出版，能為水適能運動盡一份心力，讓更多人認識與瞭解這一種優質的健身運動方式，從「知」到「行」，在知行合一、身體力行中得到健康與活力，並提升生活品質！

就是要給您水中運動新體驗與觀感～～歡迎跟我們一起下水去吧！

柳家琪

- ❏ TAFA臺灣水適能協會理事長
- ❏ AFIC水中體適能指導員證照　教育講師／主考官
- ❏ 臺灣Reebok體適能學院顧問
- ❏ 中華民國有氧體能運動協會常務理事
- ❏ 美國ACE再進修學分課程講師
- ❏ 美國ACSM健康體適能指導員證照課程講師
- ❏ 健身運動指導二十餘年經驗
- ❏ 證照：美國ACSM, ACE, NSCA-CPT, Water Fit

詹淑珠

- ❏ TAFA臺灣水適能協會秘書長
- ❏ AFIC水中體適能指導員證照　教育講師／考官
- ❏ Water Fit國際水中有氧指導證照
- ❏ SPEEDO國際水中有氧指導員證照
- ❏ 中華民國有氧體能運動協會體適能師資培訓
- ❏ 行政院體委會陽光健身計畫培訓講師
- ❏ 前中興健身俱樂部主任
- ❏ 教育部／中央聯合辦公大樓有氧運動指導
- ❏ 新光教育會館銀髮族／孕婦水中有氧指導

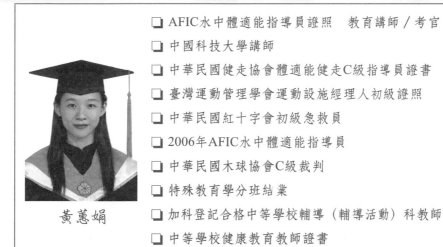

❏ AFIC水中體適能指導員證照　教育講師／考官
❏ 中國科技大學講師
❏ 中華民國健走協會體適能健走C級指導員證書
❏ 臺灣運動管理學會運動設施經理人初級證照
❏ 中華民國紅十字會初級急救員
❏ 2006年AFIC水中體適能指導員
❏ 中華民國木球協會C級裁判
❏ 特殊教育學分班結業
❏ 加科登記合格中等學校輔導（輔導活動）科教師
❏ 中等學校健康教育教師證書
❏ 中華民國紅十字會水上救生員

黃蕙娟

學歷：
❏ 國立臺灣師範大學體育系
❏ 國立臺灣師範大學體育系碩士
❏ 美國內華達州州立大學公共衛生碩士
持有證照：
❏ ACSM美國運動醫學學會運動指導員證照
❏ NSCA-CPT美國國家肌力與體能訓練協會指導
　員證照
❏ AFAA美國有氧體適能協會認證A-PIC基本有氧
　舞蹈教練
❏ 國際Water Fit水中體適能指導員證照
❏ 韻律體操B級裁判證
❏ 啦啦隊C級教練證
❏ 中華民國水上協會救生員證

戴琇惠

動作示範

水適能運動入門

光碟動作示範：陳辰靉、戴琇惠、黃麓霏

書籍動作示範：戴琇惠、黃麓霏、陳辰靉、吳安妮、葉素娥

c o n t e n t s　目錄

前　言

　　一般人談到在水中做運動最先想到的就是游泳，但「水適能」這一種水中健身運動方式，和以水平姿勢進行的游泳完全不同，基本上是保持頭部出水、以垂直姿勢在水中運動，目的是達到增進健康、提升體適能；不會游泳的人也可以從事這種健身運動，只要不怕水、略具水性即可。水中體適能也會用其他的名稱，如「水適能」、「水中健身運動」、「水中垂直運動」、「水中運動」或「水中有氧」等，基本上指的都是同樣一種在水中進行的健身運動方式。水中體適能運動源起於復健方法中的「水療」，只是在應用上，是從「治療」的角度轉換為「鍛鍊」，對象則從「病患」延伸至「一般人」；在許多國家，為一般民眾開辦的水中體適能課程已行之有年。

　　水中是一個柔性且較安全的運動環境，水的浮力會減小動作的衝擊性，關節的壓力較小，受傷的機率較低。不論年齡、性別、體能狀況為何，幾乎人人都可以從事這一項運動；許多人不適合從事陸上運動或是無法從事陸上運動，如孕婦、銀髮族、肥胖者以及關節炎患者等有特殊身體狀況者，對這些族群來說，水適能運動是最佳的選擇；體能水準較低的人，可以在水中環境自如地選擇適當的配速及運動強度，也可以利用水的浮力，隨時輕鬆地在水中休息；體能好又想要從事較劇烈運動的人來說，也可以在水中大幅度提高運動強度；菁英運動選手也可以藉由水中高強度的訓練，來提升體能和運動表現。

水適能運動推廣至今，已有許多民眾想要更進一步地來認識或嘗試這一種健身運動方式，而本書出版的目的之一就是要為這些有興趣的民眾，說明並解惑：什麼是水適能運動？從事水適能運動能得到哪些健康上的效益？水中環境與陸上有何不同？如何利用水的種種特性進行運動？下水之後要做甚麼？怎麼做？這些問題都可以在本書中得到詳細的解答；而對於有興趣進一步從事水適能教學的讀者來說，本書也提供了基本的教學技巧及課程設計，只要多下功夫並勤於練習，相信要成為水適能運動推廣的生力軍，是指日可待的。

　　本書分為三大部分：第一部分是「原理篇」，從水的特性與物理定律開始介紹，帶領讀者進入水中運動的世界，對水適能運動的效益及水中訓練的原則，也有詳細的說明；第二部分是「教學實務篇」，完整地提供教學者所有可應用在實際教學上的必備工具，其中〈水適能基礎動作技巧〉這一章，內容包括了所有水中動作的詳盡文字說明和圖示，〈水適能課程設計原則〉這一章則詳細說明，在一堂完整的水中運動課程中應如何進行，這兩章的內容對想要自己下水實際操作的讀者也會有實質上的幫助；第三部分是「應用篇」，介紹多樣化有趣活動課程，以應用在不同的族群、年齡和情境上。

　　本書的內容包含完整的水適能相關資訊，兼具理論與實務操作，希望不論是從事水適能教學工作者，或想藉由水適能運動來促進個人健康的一般民眾，都可在本書中找到充分正確的資訊，是一本專業又實用的參考工具書。

原理篇

水的特性與物理定律

　　從事水中運動時，人體因受到某些水的獨有特性影響，在運動過程產生了許多難以操作及有趣的動作，有些在陸上難以操作控制的動作，反而因水中的特殊環境而都能輕鬆完成。

　　在水中運動可運用水的特性，包括有慣性、浮力、作用力／反作用力、阻力及水波拖曳阻力等。

　　在水中與陸上的環境是完全截然不同，首先必須瞭解這兩者的差異性，才能有效地設計出安全的水中運動課程。相關研究指出：當水中運動的強度與陸上強度相同時，某些特定性訓練（心肺、肌耐力等）的效果是相同的。

　　當學員們瞭解水的特性後，就能適當利用並應用運動時應注意的訓練原則，必定有利提升心肺耐力、肌力／肌耐力、柔軟度等，更能有效控制體重，維持

人人稱羨的好身材。在相關的訓練研究文獻中，針對陸上日常功能性活動的能力來進行探討，結果內容特別指出，水中的淺水訓練可改善陸上活動能力的質與量，讓學員的身體更強壯、更結實、更健康，進而有效提升日常生活品質。

　　水中是一個相當安全而又隱密的運動環境，而水中運動是非常適合持續終生的運動項目之一；水中環境更可以提供一個讓全身關

節與肌肉收縮感覺刺激的環境，使人在水中能很舒適的放鬆，並且可以完全依個人的體能狀況，來調整適合自己的運動強度及方式，提供現代人及個別化的運動訓練需求。水中與陸上運動不同的，是水中運動的指導員必須接受過完整的專業課程訓練，且必須充分瞭解水中與陸上環境訓練的差異性，才有能力設計出安全又有效的水中運動課程。

對於水中的各項差異性，將分別從以下三方面提出說明：

1. 與水中環境相關的物理定律。
2. 從事水中運動時，這些定律會如何影響人體。
3. 如何充分應用水的物理定律及人體在水中的生理反應，來感受水中動作所訓練的效益。

如果想要進一步認識水中與陸上訓練環境的差異性，就必先要瞭解水中包含有浮力、水壓、地心引力與浮力、速度及爆發力與力量、慣性、阻力、槓桿（力臂長短）、作用力與反作用力等八項特性，才能進一步說明。

浮力

阿基米德原理將「浮力」定義為：「浸在液體中的物體所受到的一個向上的衝力，其力量相當於是該物體靜止狀態時所排開的液體重量」。

浮力對人體的影響

在水中，密度比水低的任何物體都會被垂直往上推，這種鉛垂方向的力量稱為浮力，方向與重力（吸引物體朝地球中心運動的鉛垂力量）正好相反。物體浸入水中愈深，浮力就會超出重力愈多，這個現象對我們在水中運動的方式有很大的影響。

浮力的大小決定於水的深度，浸在水下的身體表面積、身高、體重、骨質密度及身體組成，由於身體組成及力臂長短不同，手臂和雙腿的浮力大小也不同；當手臂高舉過頭出水面時，會使身體所受到的浮力變小，且浮力會使動作的衝擊性變小，衝擊性減少的幅度則是隨著水位深度、浸泡在水中的身體面積、體重及身體組成的情況而有所不同。水愈深則地心引力愈小，對於身體在水中的不同深度，其地心引力變化的情形，說明如下：

1. 當水位高度在肚臍腰部的位置時，雙腳仍為支撐基底，地心引力減少50%，此時個人的體重在水中只剩下一半，因此膝蓋負荷體重的衝擊也隨之減少，在運動過程中的安全性相對提高。

2. 當水位的高度在胸部乳線位置時，雙腳仍是支撐基底，但有

些不穩，此時地心引力減少75％，而個人的體重在水中只剩25％，膝蓋負荷體重運動的衝擊將減少更多。

3. 當水位深度在頸部時，地心引力減少90％，雙腳就不是支撐基底了，此時在水中很難保持平衡，若未配戴浮力器材，水中的浮力將會使人體一直上提，若配戴浮力器材而成懸浮狀態，此時肺部浸在水下時，要保持身體在水中的平衡及穩定將更爲困難，因爲必須在浮力中心點（肺部）與結構中心點（髖部）二者之間取得平衡。雙腳是離開地面的狀態，膝蓋也就完全沒有負荷體重的問題。

動作設計考量

1. 從事水中運動，首先必須讓學員學會如何使身體直立在水中平衡穩定的技巧，例如搖櫓動作及手腳協調的動作，而「蛙掌手套」是水中運動必備的教具。配戴「蛙掌手套」主要的功用是輔助個人在水中維持平衡狀態，另外也可增加或減少受力面積的變化及運動強度的調整，更能豐富水中運動課程的有趣性。

2. 要以學員是否能雙腳觸碰池底來決定運動強度。較適當的淺水運動水位（Kennedy et al., 1989），是應該考慮學員的身體組成、穩定性及控制動作的能力，同時也要觀察學員們是否能夠自由自在地活動，而且能夠迅速行進或改變方向。因此，適當的淺水運動的水位深度通常是在肚臍與乳線之間。

3. 可以藉由改變水位深度來變化浮力與衝擊力的大小，例如在淺水中雙腳上提不碰池底而成懸浮（雙腳離開地面）狀態，這就是模擬在深水的動作。

4. 水中動作的設計，除了考慮個人浮力的差異性外，也應考慮在不同水位中浮力大小的差異。

5. 因為浮力的作用，可能會讓人不容易控制正確的體線定位，所以要隨時提醒學員保持良好正確的身體姿勢。

身體直立水中運動的技巧練習法

1. 一開始在淺水中慢跑時雙手出水，之後手臂放入水中於體側兩邊（不動），然後雙手在水中於髖部斜側方向，指尖著朝前，由外向內劃扁平「∞」字形，此動作稱「搖櫓動作」。從以上三種動作中，可體驗出上肢動作的位置，是最能幫助水中平衡的穩定及支撐力。

2. 以同手同腳做越野滑雪動作，或以不同手不同腳（剪刀步）動作協調方式練習，來體驗這兩者間的不同感覺。

3. 在淺水中慢跑（水位在肚臍與乳線間），當慢慢移到水位較深處，試著感受上下彈跳的衝擊力、動作的控制及速度的變化等，來體會運動強度的不同與變化性。

4. 在淺水中做剪刀步動作時，首先以彈跳姿勢開始（用力向上蹬離池底），接著重心降低雙腳提起成懸浮姿勢（雙腳離開地面）狀態，模擬深水的狀況，來感覺衝擊力的改變，此時手臂和雙腿要協調配合，才能保持身體的平衡與穩定。

水壓

　　不論從哪個方向來看，水的壓力都比空氣的壓力來的大，水愈深壓力就愈大。另外，水壓對人體的呼吸機能有所幫助，也可以協助末梢肢體的血液回流，有助於人體的血液循環，其作用就如同是心臟的輔助幫浦。

水壓對人體的影響

　　「水壓」是液體分子對沉浸物體整個表面積的推力，隨著深度的增加，抵抗身體的靜水壓也增加。當肺部浸在水下時，水壓會讓人感覺呼吸困難，必須對抗水壓來呼吸，當肺部逐漸適應水對胸部造成的壓力時，呼吸時的相關肌群也可得到強化的效果。當人體在水中成垂直姿勢時，雙腳所承受的水壓最大，此時有助於末梢靜脈血液回流心臟，可減少下肢水腫的現象，心跳率也會較慢。因此，在剛下水時，由於水壓的關係，收縮血壓可能會升高；從事深水運動時，因為心搏出量增加，所以心跳率會減緩。

動作設計考量

1. 任何運動時都必須保持正常呼吸，水中運動對抗水壓使肺臟充滿空氣，學員應避免有憋氣的情況。

2. 運動過程中，吸氣時身體略為上升，吐氣時身體會下降。

3. 有高血壓的學員應特別注意，要先在淺水區活動，等適應後再逐漸移到深水處，出水時也要從淺水區上岸。

4. 利用心跳率來估計水中運動的強度可能不太恰當，因為研究顯示，水位深度、水溫、手臂動作的多寡、手握式輔助器材等都是會影響心跳率；因此，可以參考使用運動自覺吃力度量表（RPE）、心跳監測器和談話測試法等，來監控運動強

▶ 運動自覺吃力度量表（RPE）

	原版		修訂版
6		0	nothing at all （毫無感覺）
7	very, very light （非常非常輕鬆）	0.5	very, very weak （非常非常微弱）
8		1	very weak （很微弱）
9	very light （很輕鬆）	2	weak （微弱）
10		3	moderate （中度）
11	fairly light （輕鬆）	4	somewhat strong （有些強）
12		5	strong （強）
13	somewhat hard （有些吃力）	6	
14		7	very strong （很強）
15	hard （吃力）	8	
16		9	
17	very hard （很吃力）	10	very, very strong （非常非常強）
18		11	
19	very, very hard （非常非常吃力）	12	Absolute maximal （最大極限）
20			

度。適當的運動強度,應在RPE指數的12～16(原版)或是3～6(修訂版)之間,也就是感覺中度到吃力程度。談話測試法是指當運動時,仍可與人簡短對答而不致上氣不接下氣,這才是適當的運動強度。

身體直立水中運動的適應練習法

1. 在淺水中,將肺部與肩膀浸在水中,雙手做搖櫓動作,雙腳開大;感覺吸氣時雙腳離底上浮,吐氣時身體下沉。
2. 在深水中配戴浮力腰帶,雙腿垂直向下,雙手手臂水平側伸,吸氣使肺部充滿空氣,感覺身體在吸氣時向上升,吐氣時往下沉。

地心引力與浮力

在陸上作用於人體的力量主要是地心引力,對抗地心引力使向下的拉力往上提稱為「作功」。在水中的主要作用力之一是向上推的浮力,浮力對向上的動作會有助力,對向下的動作會產生阻力,因此對抗浮力而做手腳向下的動作,

會使運動的強度增加。浮力輔助的動作會讓人浮向水面,輔助力量的大小程度,視個人的身體組成而定。浮力抗阻的動作是向下推水而達到作功的目的,而作功的大小則視受力面積、槓桿長度及身體組成而定。

動作設計考量

1. 設計與浮力方向相反的動作稱為「阻力動作」，而與浮力方向相同則稱為「輔助動作」。

2. 在設計動作時，要確定浮力的方向，所產生的力量也就決定是作功或休息；先分析動作的力學原理，再調節動作幅度、速度和受力面積，以調整所對抗浮力的大小。

3. 利用站在踏板上，模擬水位較淺的情況，此時地心引力的作用增加、浮力變小。

4. 評估浮力器材如何提供助力或阻力，例如握著浮力啞鈴做手肘彎曲動作時，浮力輔助肱二頭肌，這時肱三頭肌是向水面做離心收縮並對抗浮力；手握浮力啞鈴做手肘伸張動作時，肱三頭肌必須行向心收縮。

身體直立水中運動的技巧練習法

1. 在水中將雙手手臂伸直放鬆置於體側，測試浮力輔助的效果，此時雙臂會逐漸向上浮起。

2. 在水深及胸做二頭肌屈臂動作（手肘屈、伸）然後往前踢（髖關節屈、伸），仔細體驗及感覺各動作的哪一階段是受到浮力輔助，哪一階段是浮力阻礙。

速度及爆發力與力量

速度是直接測量移動中，物體之行進或移動速率。水中動作的速度概念和陸上不同，因為人體在水中移動必須對抗，並克服水的作用力；在水中的動作愈快，所產生的拖曳力和阻力就愈大，肌肉必須作更大的功才能產生動作。

爆發力是作功的速率，作功所需的時間要列入考慮（爆發力＝所作的功÷時間），做動作時愈用力則爆發力愈大。任何一種可以導致物體加速的作用力就是力量，推水的力量愈大，加速度愈大，速度愈快。人體會往力量作用的方向加速，因此，當愈用力（不改變任何其他變項），阻力會愈大，運動強度也會隨著增加。

速度、爆發力和力量對人體的影響

1. 在水中運動時，如果腳底接觸水底的摩擦力不足，無法克服慣性和浮力的漂浮效應，則可能很難將速度加快，而無法產生足夠的阻力，也就較無法達到完全作功。

2. 持續做快速度的動作，肌肉需要作的功，必須比陸上更大，才能克服水的阻力。

3. 心跳率會隨著水中動作速度加快而增加。

4. 同樣一個下肢動作，在水中做的時候，攝氧量會比在陸地上做時高。

5. 研究顯示，在水深在腰部的位置，水中走路或慢跑所消耗的熱量可以達到與陸上相同的程度，在水中行進的速度只要達陸上速度的1/2至1/3即可。

6. 浮力會影響速度和力量，浮力太大不易控制身體穩定平衡，當然也就很難完全使出足夠的力量來對抗水的阻力。

動作設計考量

1. 動作幅度不變，只要增加動作的速度、爆發力和力量，就可增加運動強度；水中運動過程中，隨時可自行調整動作速度。

2. 使用輔助器材可改變動作的速度、爆發力和力量，進而改變運動強度，例如穿著水中專用鞋，可增加腳底與地面的摩擦力，有利控制快或慢的速度，

3. 幫助操作水中動作的完整，更有效推進而使速度加快、阻力增加，提升運動的強度。

4. 利用訓練爆發力的動作，來訓練一般人日常生活的活動能力，如上下樓梯或快步走。

5. 這一類訓練在動作設計上，應在原地動作或移位動作中使用「彈跳」（用力向上蹬離池底）動作姿勢，或者模仿上樓梯時「跳躍」的動作。

6. 當準備參與水中運動時，必須先瞭解水的深度，選擇適當的水位深度做動作，如此才能在水中保持穩定平衡操作，確實達到運動的目的，尤其對水中移位動作特別重要。

身體直立水中運動的技巧練習法

1. 水深在腰部位，雙手不做動作，慢跑前進（穿鞋可增加摩擦力），試著改變推進的力量，速度也會改變，當速度加快或減慢時，運動強度是也隨之而改變。

2. 在池中最淺處，隨著音樂的節拍速度做動作，再移動到水較深處，保持同樣動作節奏，注意動作幅度或動作控制度是否也隨之而改變。

3. 播放音樂，水深在腰的部位，兩人一組，面對面做開合跳的動作，隨著音樂節奏持續做一分鐘；然後，另選不同的音樂，配合做一分鐘，此時兩人的運動速度與強度，不一定會相同。

4. 戴上蛙掌手套做肩膀向後旋轉（肩關節外轉）的動作，雙手切划；動作幅度及雙手受力面積維持不變，加快動作速度，感受動作阻力也會加大。

慣性

　　「慣性」是物體保持在靜止狀態或直線等速移動狀態的特質，除非受到其他作用力，否則不會改變原來的狀態。

慣性在水中對人體的影響

1. 人體克服靜止中水的慣性而開始做動作，就會形成水流，可利用此水流來輔助同方向的動作，或是阻礙反方向的動作。

2. 改變方向時會製造對抗的水流，假如在一個區域內快速地反覆往返移動，人體就必須面對對抗水流的力量，這會影響身體在水中的不穩定，因此，可以藉由此方式來訓練平衡感、穩定性及動作的控制能力。

3. 當同一方向行進時，位於中央及後方者的水流是最大的，因此站在這些位置的學員會被強勁的水流順勢帶著走。

動作設計考量

1. 改變行進方向時，必須讓學員有足夠的時間適應克服水流的力量，並保持平衡及良好的身體姿勢；當所有學員一起移位時，在改變方向之前，教練的指令應該是「停、穩住」（此時，學員在原地小慢跑並做搖櫓動作），這樣可讓學員充分準備，讓水流趨緩後再改變移位方向。

2. 上課時，要注意各學員所在的位置，由於水流強勁，位於全班中間和後方的人，所作的功可能比帶頭的人要少，應該安

排體能較好或動作較熟悉的學員站在外圍的位置，此時也必須特別注意初學或體能較弱的學員，他們可能會被水流帶著走，甚至無法保持身體穩定而喝到水。

3. 多做移位、停止的練習，利用身體四肢或雙手所產生的水流來訓練平衡。這些動作可以改善，並增進核心軀幹肌群（腹直肌、腹斜肌和豎棘肌）的肌力；操作之前，先以移位動作製造水流，然後「停住」（就像大部分都玩過的1、2、3木頭人遊戲一樣），以身體靜止不動狀態對抗水流衝擊影響身體，此時軀幹必須用力收縮穩定肌群。

4. 在動作設計中，利用水流製造作功或休息，快速往返移位時，作功的強度會隨著反覆次數和速度的增加而逐漸提高。

身體直立水中運動的技巧練習法

1. 木頭人遊戲：在淺水區，往各種方向或以各種方式（曲折前進、跨大步、後退走）行走或慢跑，數到三後停住，在水流波動的力量中站穩；若要增加難度，可以在停止時做單腳站或雙手上舉出水面（如投降的動作）。

2. 鶴姿勢：兩人一組，其中一位原地站立做搖櫓動作以保持穩定，另一位圍繞著他（順時針或逆時針）方向跑步製造水流的波動，讓站立者身體軀幹肌群必須收縮用力保持身體的平

衡與穩定；若要增加難度可以單腳站，然後再雙手上舉出水（投降的動作），感覺核心肌群必須更穩定用力收緊對抗亂流。此動作，兩人可交換角色操作2～3次。

3. 左右或前後往返跑步：引起水流尙未減緩便迅速改變方向，並加快往返的速度；身體充分感覺對抗水流，讓行進變得愈來愈吃力。

4. 慣性繞圓圈：先以同一個方向順時針或逆時針繞圈行進，感受水流順勢帶著身體前進；再反方向繞圈迎向衝擊過來的水流，這樣的方式練習，使身體有不同差異的感受。

5. S行：單排或雙排走S行路線，感覺水流方向的改變，當對抗這些水流而行進時，身體隨時都必須作功，才能保持平衡。

阻力

水的阻力來自於水有黏滯的特性，水的黏滯性是水分子之間的張力，也可視爲液體的「厚度」，當身體浸在水中時，阻力可運用在任何面、任何動作模式或身體姿勢。在水中移動時，阻力會受下列因素影響：形狀拖曳力、亂流、漩渦阻力、速度、槓桿、作用力

反作用力和慣性等，這些影響阻力的因素，只要有些微的變化就會使運動強度產生明顯的差異。

「形狀拖曳力」與物體在水中移動時的受力面積和形狀有關，拖曳力會對動作造成阻礙，當物體的受力面積變大時，拖曳力也會隨著增加，移動物體所需作功的強度也隨之而增加。減少受力面積、流線化都會減小拖曳力，可藉由四肢、身體和輔助器材，在水中拖曳移動的方式改變受力面的形狀，增加變化運動的強度。

「亂流」是多方向上下或左右起伏的水流，因為物體在水中移動而產生；快動作和非流線型的物體，會製造較大的亂流。

「旋渦水流」是當人體在水中行進而產生，向前行進時，水會從身體前方壓力較大的區域，流向身體兩側後方壓力較小的區域，這些旋渦水流會將人體向後拖拉，增加動作的阻力。

水的阻力對人體的影響

1. 以一般速度在水中做動作，所產生的阻力大約是空氣中的 12～15 倍。

2. 在水中做同樣的下肢動作，其攝氧量會比在陸地上做的要高。

3. 研究顯示：在最適當的水位深度，以最快速度在水中移位時，攝氧量最高，但若學員的雙腳腳底與池底之間的摩擦力不足，或無法克服慣性或浮力，就無法充分加速並產生足夠的正面阻力、拖曳力和亂流，也就無法獲得足夠的阻力以增加運動強度。

4. 訓練研究結果顯示：利用水的阻力可以產生足夠的動作強度，改善肌力和肌耐力，尤其是對上肢的肌力和肌耐力有明顯的訓練效果。

動作設計考量

1. 動作設計應利用移動速度、漩渦水流和形狀拖曳力的變化，逐漸增加運動強度。

2. 可將泳池視爲一個巨大的阻力訓練機，做肌耐力訓練動作時，強度可隨意調整。

3. 使用輔助器材可以改變水中動作的阻力，調節阻力大小，也可以增加或降低動作的強度，以達到肌力訓練的適應效果。

4. 移位動作只要速度夠快，以達到心肺訓練的目標即可，應提醒學員使用適當的上肢（手臂）技巧，輔助下肢（腳）移位的動作。

身體直立水中運動的技巧練習法

1. 亂流：一手肘夾放於下背腰部，另一手與另一人手肘勾手肘或手牽手，嘗試不同的動作幅度和速度，此時水面會產生不同大小的水花；手掌心若愈用力向上撥起的水，水面上的水花就會愈多。

2. 兩人一組，一前一後慢跑前進，後面的人移到前者右後方的亂流，然後再回到正後方「漩渦區」被拖著前進；或移到左邊斜後方的亂流，再回到正後方「漩渦區」，這樣的方式往返重複可以變化各種不同的隊形，能有效增加阻力的效果。

3. 在水深至腰部位置，雙手背在身後慢跑前進；改成兩手手肘向外、手臂於肩膀兩側伸出成切划手勢、再改變為蛙掌手勢；然後接下來後退跑步，以相反方向的順序改變手勢，逐漸將阻力減小，感覺強度的變化。此動作在移位時，可多練習改變形狀拖曳力，增加變化同時也可改變運動強度。

槓桿（力臂長短）

四肢的槓桿長度會影響人體在水中行進時的形狀，例如手臂伸直或彎曲就會產生不同的阻力，同時也會改變人體的平衡中心點。

槓桿在水中對人體的影響

1. 阻力：肢體動作的力臂愈長，在水中的受力面積、拖曳力愈大，動作的阻力也就愈大；力臂長度改變時，某些肌群可能會被啟動而達到超負荷（超過能力範圍）。

2. 平衡中心點：當四肢的力臂長度加長時，平衡中心點會離身體中心點較遠，這時軀幹的穩定肌群須要更用力，才能保持身體的平衡。當四肢力臂長度縮短時，平衡中心點向動作關節及身體中心點愈靠近，會使軀幹的穩定肌群動作訓練強度降低。

動作設計的考量

1. 改變力臂的長度或改變受力面積，變化動作速度，調節這兩個變化方式，可有效改變阻力的大小變化運動強度。
2. 確實提醒並觀察學員，從短的力臂動作逐漸改變為長力臂動作時，動作過程應先保持適當的穩定性以保護關節，尤其在增加阻力時。
3. 當增加力臂長度而加大動作時，學員應該特別注意手臂雙腿動作的協調性，維持動作的平衡。
4. 舉例來說，在做側踢動作在右邊時，雙手手臂應撥向左邊的方向。

身體直立水中運動的技巧練習法

1. 屈膝向前走然後停住，讓身體穩定後，腿再伸直向前走，腳跟必須先著底，然後再整個腳掌踩滿，感覺雙腿槓桿加長時阻力的增加。

2. 由短而長的練習法：原地慢跑搖櫓方式保持身體平衡與穩定，然後加長槓桿左右腳交替向前踢腿。身體左右搖擺動作，手臂配合左右側推方式；再加長槓桿做腳部動作側踢腿，雙手手臂協調配合伸直推向另一邊方向（反方向）。

3. 身體前後搖擺雙手於身體髖部斜前方做搖櫓動作，當動作加大前腳伸直，並加大搖櫓動作以控制身體的平衡。

🖤 作用力與反作用力

牛頓第三定律：每一個作用力都同時存在一個大小相同、方向相反的反作用力。

作用力／反作用力對人體的影響

在水中愈用力推水，感受回推的力量愈大，可藉此產生不同的訓練強度；在水中可利用這個定律增加阻力或減少阻力、輔助移位

或阻礙移位、對抗動作以產生作功，力臂加長可產生最大的作用力
／反作用力反應。

動作設計考量

1. 教練應先說明輔助力量的方式與方向，然後練習輔助移位或
   阻礙移位的動作。例如，當雙手手臂向後撥水時，身體會因
   此被往前送，這樣就是輔助向前移位；也可以在手臂向後撥
   水時往身體及雙腳向後跳，如此即可使強度增加，這即是阻
   礙移位的一種方式。

2. 動作的幅度和速
   度都會影響運動
   的強度，小而快
   的動作可能會阻
   礙移位，大動作
   只要做得夠快，
   就可以輔助移位
   動作。

3. 想要增加移位動作的效率，就必須以大動作往相反的方向撥水，如此才能有效地輔助移位。

身體直立水中運動的技巧練習法

1. 作用力／反作用力：搖櫓練習。

2. 平衡及穩定技巧練習：必須配戴「蛙掌手套」，雙手做搖櫓扁平「∞」字形動作，原地慢跑。

3. 輔助移位：雙手指尖向上做搖櫓，向前撥水以輔助身體往後退；然後指尖向下做搖櫓，向後撥水以輔助前進。

4. 阻礙移位：指尖向下搖櫓，向後撥水同時身體往後退，此時會感覺到水的阻力變大；再讓指尖向上做搖櫓，向前撥水同時前進，當燃也會感受到前進比較吃力了。

5. 搖櫓動作讓身體向上提起，同時嘗試以懸浮姿勢跑步。

6. 配戴浮力腰帶雙腳彎曲成坐姿，做小而快的前踢動作，再伸直雙腳從髖關節做踢腿動作，感受移位（後退）時的反作用力如何增加；可再增加手臂出後方向前撥水動作，感覺輔助行進的力量又增加了。

7. 重心降低讓胸部完全入水，水位保持在頸部的位置，此姿勢稱為中性姿勢，手臂由前方向後撥水，同時雙腳彎曲靠近胸部，感覺輔助向前移動的力量；嘗試再做一次，改變手臂由後方向前撥水。接下來做雙腳彎曲後跳動作，雙手由前向後撥水，此時感覺明顯移位時所產生的阻力，同時運動強度也會增加。

水中運動的相關文獻

　　目前水適能運動在臺灣將會愈來愈普及，文獻中也提出相當多對於水中運動正面的研究報告，因此，引起相關休閒健身產業對於水適能運動指導人材的需求。針對臺灣正面臨人口高齡化的問題，政府應尋求較實際且長久的對策，以解決老年日常生活行動健康政策，我們相當有信心的建議，水適能這項運動是有利於幫助老年人提升生活品質、增進健康，且能使其獲得有尊嚴、愉快、獨立自主的生活。為了讓一般人瞭解安全有效的水中運動課程訓練方式，除了瞭解並運用水的特性外，希望讓想參與水中健身課程的人們，能藉由本書很快地瞭解並適應水中的環境，或是對於水的運動產生興趣欲進一步想成為指導教練者，是這本書出版最重要及最主要目的，因為我們需要更多有興趣教學的人，來參與這項運動的推廣與教學。

　　以下將進一步對於水適能的相關研究，以及如何將研究結果應用在運動課程中等實務內容，加以詳細說明。

水中運動與心肺訓練

對於在淺水和深水所進行的單次水中運動測試研究中，證實了在水中訓練的強度確實能有效提高，並可達到美國運動醫學學會（ACSM）所建議的心肺訓練強度。

另外，也有針對在深水或淺水中進行訓練的相關研究，其研究結果均證實了受試者的心肺適能得到明顯提升。研究也發現，進行水中訓練時，雖然心跳率達到目標的範圍，但是這樣的心跳率反應其實是高估了實際的運動強度；仔細分析這些研究的課程設計結果發現，都是採用了許多雙手高舉過頭的動作及下肢動作的幅度較小，而且很多動作完全都在原地進行。

針對水中運動強度的研究均證實了下肢運動的動作可提升運動強度，尤其是移位的動作能最有效利用水的亂流與摩擦阻力，也

就是提升運動強度最有效的方法之一。此外，研究指出運動強度與技巧和動機有相關性，熟練動作的技巧與高度的興趣與動機，均有助於提升運動強度。

研究結果之應用

1. 移位動作可以讓水作用於人體的時間與空間增加，在同一方向移位兩公尺左右的距離，增加水的亂流及拖曳力（四肢或全身以不同的受力面積在水中移動），達到提高運動強度。

2. 手臂動作應低於肩膀。當手臂持續高舉過頭時，心跳率反應會高估心肺訓練強度。

3. 手臂與肩膀都是小肌肉群，應儘量多做腿部動作，有利增加運動強度。

4. 必須學會各種強度變化的技巧，充分練習水中穩定平衡的搖櫓動作技巧。

💧 水中監測運動強度

心跳率與動作設計

使用手握式的輔助器材會使心跳率加快，但並不一定能使運動強度增加，因此也就不一定能得到心肺訓練的效果。

心跳率與水溫

研究顯示，水的溫度對於心跳率和攝氧量有決定性的影響，水溫較高，心跳率也會提高；低水溫，則會使心跳率較低。當水溫在

30～35℃時，心跳率反應與陸上運動時相同；在18～25℃的水中騎腳踏車或跑步時，每分鐘心跳率比陸上相同強度的運動心跳率，將會低約10～15次。

心跳率與水位深度

水位深度可能影響運動心跳率，但二者之間的相關性至今仍無定論與解釋。

研究結果之應用

1. 心跳率測量結果，不一定是運動強度之有效的指標，因為水溫、技巧、學習者動機、手臂動作的長短、心跳率測量的準確性等因素，都會影響心跳率測量結果。

2. 取得進一步的研究資料之前，應該採用心跳率、自覺吃力度量表（RPE）與呼吸率（談話測試法）等三者合併使用的監測方法，較適合監測水中健身運動的強度。

3. 從事水中運動時，若能取得泳池的同意，穿著水中專用鞋，較有利幫助腳底有足夠的摩擦力，才能更有效地輔助移位動作，來增加運動強度。

水中運動與身體組成、體重控制

一般認為水中運動無法有效地減少體脂肪，這種觀念是來自於數篇廣為流傳的研究報告，這些研究結果顯示游泳者的體脂肪會維持不變或反而增加；但也有其他研究指出，游泳能顯著減少體脂肪。一般人通常都將游泳的訓練與節律性的水中垂直運動劃上等號，其實是不對的，因為在許多的研究中顯示，

游泳能夠明顯有效地降低身體脂肪；在水中與在陸上的運動課程中，對於降低體脂肪的效果是相同的。Hoeger等（1993）的研究指出，節律性水中運動可使體脂肪減少低2%，而Knecht（1992）的研究顯示，參加陸上低衝擊有氧課程，卻只能減少1.1%的體脂肪，這兩個研究都是在沒有控制飲食的狀況下所做的研究。另外，Sanders（1993）在進行八週的水中節律性運動訓練（每週二次、深水和淺水）運動後，體脂肪明顯減少了2.31%。

在許多研究中，也證實節律性垂直水中運動，可增加身體熱量的消耗。因此，如能規律地從事水中運動也可增加身體熱量的消耗，若同時能配合飲食控制，就更能夠達到體重控制的目的。所以，這樣的做法與其他陸上的運動方式，是相同的。

研究結果之應用

1. 對於運動的知識每個人都應不斷吸收新知，才能有效判斷收到的是否為正確完整的資訊。

2. 針對基本的體重控制與身體組成原則，來控制能量攝取與能量消耗，二者之間的配合才是健康、安全、正確、長久、有效的方式。

3. 體重的數字並不是問題，應該注重身體適能的「基礎代謝」問題，如血壓、血糖、血脂肪等數值，應該比外表看起來瘦或胖更加重要才對。

水中運動可增進柔軟度與肌力

研究顯示，水中運動能夠增進肌力與肌耐力及柔軟度，一般性的結論如下：

肌力與肌耐力

所有水中運動相關研究都顯示，測量上肢或下肢，對肌力與肌耐力的能力都有顯著的增加。其中特別值得注意的是，對腹部肌力的增加，因為在課程中並未進行仰臥起坐的訓練，所以腹肌肌力的進步都是來自於水中垂直的動態姿勢性技巧訓練。另外，水中節律性運動對肌力的增加效果，比陸上低衝擊有氧運動課程更好。

柔軟度

有兩篇研究指出，水適能運動能增進後大腿的肌力與下背柔軟度的改善，如果只是在水中做陸上的伸展動作，藉著超負荷的動作訓練是可以增進柔軟度。雖然如此，在水中伸展是否確實能增加柔軟度，卻仍然是一個有待解答的問題；但水中的環境確實是可以增加關節的活動範圍度，因此可以肯定的是水中伸展能有利增進柔軟度，只是仍有研究結果持保留態度。

如何在水中調節運動強度

　　水的黏滯性會產生阻力，要如何利用水的阻力去調節運動強度，必須瞭解下列幾個要素：

速度

　　當速度增加時拖曳阻力會增加，此時因肌肉的作功，所以運動強度會增加，且心跳率也會隨著動作速度的增加而加快。研究指出，在水中增加下肢動作的速度，可提升的攝氧量比陸上運動更明顯。不過，研究也提出了水中運動不像陸上運動只是身體的移動而已，因為在水中同時要對抗一個力量，那就是在水中移動肢體需要用到肌肉的力量。所以，只需要以在陸地走路或跑步的1/2至1/3的節奏速度，就能控制運動強度；也就是和在水深及腰的水中行走或跑步時的速度一樣，都能產生相同的能量消耗。

受力面積與動作的幅度大小

在水中這個互動性的環境中，不是只有一個變項單獨運作，除了速度以外，還有受力面積與動作幅度兩個變項的交互作用。研究發現，水中的運動強度是隨著動作的受力面積大小成比例變化的，而動作的速度則決定於肌力的大小。

亂流與形狀拖曳力

在水中移位會產生正面阻力、片狀水流與拖曳力等所形成的亂流，這一個亂流對動作產生更大的阻力，因而增加了肌肉的動作強度。

研究結果之應用

1. 若以速度來控制運動強度，則運動者需要先將肌力與肌耐力訓練至適當的程度。

2. 建議以每分鐘120～130節拍的速度來進行水中的大動作，才能感受並充分利用作用力／反作用力及慣性動作在做運動的感覺。

3. 小而快的動作會變成等長肌肉收縮，導致心跳率加快，但並不能正確顯示運動的強度。

4. 水中課程必須有移位動作，例如學員可以自己繞著圓圈走或跑，然後再反方向進行。

浮力的應用

浮力能輔助在水中之運動或休息,讓四肢浮向水面而比較省力,同時也會妨礙向下的動作,因此需要作較多的「功」,可藉由浮力輔助器材來擴大這些影響。舉例來說,陸上以啞鈴做立姿二頭肌屈臂動作,以及在水深及胸的水中利用泡棉啞鈴做相同動作,兩相比較下,在陸上手肘彎曲時肱二頭肌行向心收縮,手肘伸直時肱二頭肌行離心收縮;而在水中因為浮力的關係,肱二頭肌不需要出什麼力,當手肘彎曲時肱三頭肌會成離心收縮(對抗上浮的力量),手肘伸直時則肱三頭肌做向心收縮。同樣的動作,若以蛙掌手套進行(受力面積的阻力),則手肘彎曲時做二頭肌向心收縮,手肘伸直時做三頭肌向心收縮。

當水位深度在頸部時,地心引力的作用只剩下10%,也就是說,除了水愈深愈難控制浮力的作用外,也應留意每一個人的浮力大小隨著個人的骨質密度、肌肉和體脂肪的多寡、體脂肪分布情況等,而有所不同。

研究結果之應用

1. 在分析某些動作是訓練那些肌群以及如何運作時，必須考慮水的特性。

2. 想要得到最大的阻力效果，必須能夠控制泡棉器材在水中的浮力大小。

3. 可利用受力面積阻力性器材（如：蛙掌手套）來控制速度及力臂長度，以改變動作強度。

4. 是否能雙腳著底，並不是區分淺水與深水的標準，理想的運動水位是決定於個人的身體組成；淺水運動的一般的原則，是在介於肚臍與乳線之問的水位中作運動。

5. 設計深水課程之水位深度，必須在乳線以上。

水中運動與體熱調節

　　研究指出，體脂肪的多寡與運動者在某種水溫中是否感覺舒適，並沒有絕對的關係，但如果要在水溫25℃的水中浸泡三小時之久，體脂肪的保暖隔熱作用就十分重要了。「中性水溫」是指可以達到體熱調節的適當水溫，也就是體熱產生與體熱發散二者之間可以保持平衡的水溫，因此水溫是否恰當就與運動強度有密切關係了。學者（McArdle, Katch, and Katch, 1991）建議，當水中運動強度為3.1METs（相當於暖身運動或緩和運動的強度）時，適當的水溫為34℃；當水中運動強度為4.2METs（相當於心肺訓練階段劇烈的移位動作強度）時，適當的水溫為29℃。

研究結果之應用

1. 在水溫32℃以下之水中靜止不動時，很快就會感覺寒冷，站立於水中做靜態伸展動作，也會有同樣的情況。因此，學員在做上肢靜態伸展動作時，應同時做跑步動作，伸展下肢時也可加上手臂的動態動作，最好是只在一堂課的最後進行伸展訓練，或在激烈的「熱能產生」動作組之間穿插伸展動作，這些做法都是為了避免發冷。

2. 運動時多穿衣物以隔熱保暖，如此即使水溫很低時也可以保持體溫穩定，如果水溫比所建議之適當溫度低，指導員就應建議學員多穿衣物，並增加運動強度，以提升舒適性。

課程設計的要素

從研究文獻中已證實了，若運動設計考慮到運動科學原則及水的特性，那麼水中運動確實能增進健康體適能之各項要素，並得到極佳的訓練效果。體適能專業指導員為了要設計更理想的訓練課程，一定要充分瞭解水的特性與水中運動之間的關係，才能設計出符合水中環境的動作。

有關課程設計的建議如下：

1. 學員的動作速度及反覆次數應該要個人化，每一個人都不相同，個人的身體密度、身體組成、脂肪儲存部位、四肢長度等都會影響運動強度，這些因素也都因人而異，所以不能要求每位學員都能以相同的速度做動作。教練要教導學員根據自己的需要而調節運動強度，不要讓音樂節拍控制了運動的速度。

2. 水中雖然是較舒緩的運動環境，但是也不能掉以輕心，要特別注意可能導致受傷的動作。在回顧文獻發現，有某些訓練仍有可能造成頸部、肩膀及背部疼痛的動作，指導員應謹慎評估學員狀況與目標，仔細選擇設計安全有效又符合水的特性之運動。

3. 根據許多研究結果，已確知如果只是將陸上動作移到水中操作，並不會產生相同的效果，例如爆發性的彈跳動作，這種

動作技巧，雖然在水中仍會有運動效果，但因爲浮力的影響，動作就可能不是爆發性彈跳動作，也就不會產生如陸上的訓練效果。

動作的速度

有學者（Frangolias and Rhodes, 1995）以跑步的步率爲變項，來比較深水跑步和陸上跑步機跑步兩種運動時發現，當運動強度（攝氧量）相同，深水跑步的步率比陸上跑步機跑步的步率慢39%；Brown等學者在1997年所做的研究則顯示出，當步率相同時，深水跑步的強度（攝氧量）比陸上跑步機跑步要高。除了動作速度外，動作的幅度也會影響強度；換句話說，當動作幅度變小時，運動強度則會降低。

多篇研究報告都指出，當速度相同時，水中步行或跑步會感覺比陸上吃力，如果在水中做陸上動作，則應適當地減慢動作速度，以免強度過高。另一篇研究報告（Evans and Cureton, 1998）則指出，一般陸上階梯課程的腳步動作和踏板高度的變化如果應用於水中，並不會得到與陸上相同的強度改變，因此再度驗證了水中動作的設計與選擇，必須充分應用水的種種特性，採用水中專屬的動作，才能達到預期的效果。

研究結果之應用

1. 讓學員先用慢速度做完整的大幅度動作，再逐漸加快動作的速度，特別提醒學員不要因為動作做快而變小，至於適當的速度則由學員自由決定。

2. 每一個學員都應該依照自己的肌力與技巧水準，來選擇動作速度與強度。

3. 水位深度和個人身體組成，都會影響動作彈起落下的速度。因此，不須要求每一個學員動作一致，因每一個人的速度都不會相同。

4. 開始速度約為陸上1/2～1/3的速度，然後再加速，如果要全體學員隨著固定的節拍速度做練習，可以讓學員先適度調整（縮小）動作的幅度。

5. 水中移位時，必須要對抗水的阻力，因此，以相同速度行進時，會比陸上費力。

6. 從事水中運動時，上肢必須持續做搖擺動作或配合下肢的協調性動作，以保持身體穩定與輔助下肢動作，對於不習慣水中直立運動者來說，上肢容易疲乏，所以應注意學員上下肢動作的協調配合。

7. 在水中做陸上動作，不一定能得到相同的訓練效果，所以應設計適當水中專屬的訓練動作來操作。

8. 運動選手進行水中訓練時，應特別注意人體工學，充分利用水的特性，如有需要，再配合輔助器材，以達到足夠的超負荷訓練。

間歇訓練與漸進式阻力訓練

當運動強度相同時，深水跑步所導致的血中乳酸濃度比陸上跑步機跑步為高（Wilber et al., 1996）。從最大攝氧量的相關研究發現，在達到相同的最高血中乳酸濃度時的最大攝氧量數值，深水跑步比陸上跑步機跑步為低，推測可能的原

因，是由於水的摩擦力和深水的非負重環境所導致的；研究中將水中環境比喻成一個龐大的阻力訓練機器，在這樣一個阻力性的環境中要產生適應效果，必須增加動作的速度和受力面積，才能持續得到足夠的負荷強度，以持續進步。

從數篇研究結果中均發現，水中訓練無法維持原本藉由陸上訓練而達到的體能水準。究其原因，是因為受試者在水中的動作技巧不足，肌力與肌耐力的水準不佳，無法確實對抗水的阻力來提高運動強度；就實際的觀察發現，許多原本有規律從事陸上運動且體能狀況不錯的學員，在剛開始從事水中訓練時，雖然感覺十分吃力，但心跳率卻無法有效提高，這樣的

情況也再次證明了，從事水中運動必須先培養足夠的肌力與技巧，才能有效地提升心肺運動強度。

研究結果之應用

1. 有些陸上運動的好手，在下水初期，不一定能夠有效達到心肺訓練的運動強度，這是因為肌肉能力水準尚有不足，因此在還未達到目標心肺強度之前，就已出現肌肉疲乏的情況。

2. 間歇式訓練模式比穩定強度訓練模式更為恰當，如此較能夠改善肌肉能力不足的情況。

3. 在間歇訓練的休息期可以做動態的關節活動，來幫助乳酸的排除；運動期和休息期的時間長短比例，可以有很多變化；運動期可以選用較激勵性的音樂，休息期則可選用柔和放鬆的音樂。

4. 訓練一段時間後肌力會增加，此時可考慮是否有需要使用輔助器材，以增加負荷強度；但因為每一個人的體能狀況都不相同，所以並不一定每一個人都使用相同的器材。

5. 最佳的訓練計畫是運用混合訓練的訓練原則，而水中訓練配合陸上的運動訓練，可以得到最安全、有效且又均衡的訓練結果。

水中運動與骨質流失

在面臨高齡化社會的今天，骨質流失與骨質疏鬆症的預防是公共衛生的重要議題。日本學者（Tsukahar et al., 1994）對停經後婦女為對象進行的研究發現，能有規律從事水中體適能運動的婦女，不僅可避免停經後骨質流失的情況，甚至還能夠有效增加受試者的骨質密度。研究學者的結論是：持續參與水適能運動，可能是預防骨質流失的重要途徑之一。

功能性的運動

陸上運動項目的選手，可將水中訓練納入其訓練計畫，除了可當「混合訓練」的應用外，在數篇研究報告中也證實了，徑賽選手應用在受傷或手術後復元的復健階段，可藉由水中跑步訓練來維持

體能。在暫停長達4～6週的陸上訓練，改以只進行深水跑步訓練，也可維持陸上跑步測驗的成績。

　　除了運動選手外，一般人也可以藉由水中訓練得到相當好的效果。在數篇針對中年或高齡者所做的研究均證實，水中訓練可有效提升日常生活相關的功能性活動能力，包括坐姿起立、上下樓梯、提重物等；此外，受試者的身體姿勢性技巧、穩定性等項目也有所提升；這些功能性活動能力提升的重要原因之一，就是水中訓練使肌力與柔軟度，均有效地達到改善。

　　水中訓練也可應用於許多特殊族群，慢性下背疼痛患者，可藉水中訓練來改善疼痛的症狀；關節炎患者活動受限的關節部位，也可藉由水中訓練獲得改善，而患部的等長收縮肌力和關節可動範圍等，均會有所進步。許多研究的受試者，在接受了水中訓練後，其功能性的活動能力，均獲得改善，並增加了獨立自主的生活能力，且生活品質也相對提升。

研究結果之應用

1. 不論是運動選手還是一般從事規律運動的民眾，均可將水中訓練加在訓練計畫中，以降低受傷的機率。

2. 水中訓練可針對日常生活的活動來設計動作與課程，如在淺水中練習半蹲動作有助於陸上坐姿起立的動作。

3. 有特殊慢性病患者，可在安全的水中環境進行訓練，以提升陸上活動的能力，但指導員應與醫療人員密切配合，以確保訓練的安全性，並符合學員的需求。

4. 課程動作的設計，必須是針對陸上功能性的活動，強度的漸進須恰當，並選用適當的輔助器材。

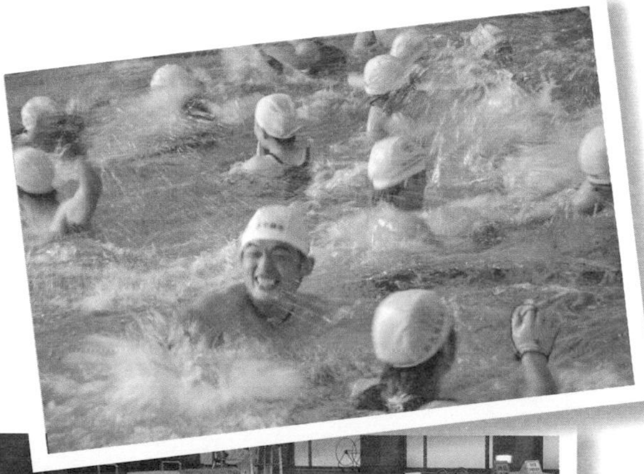

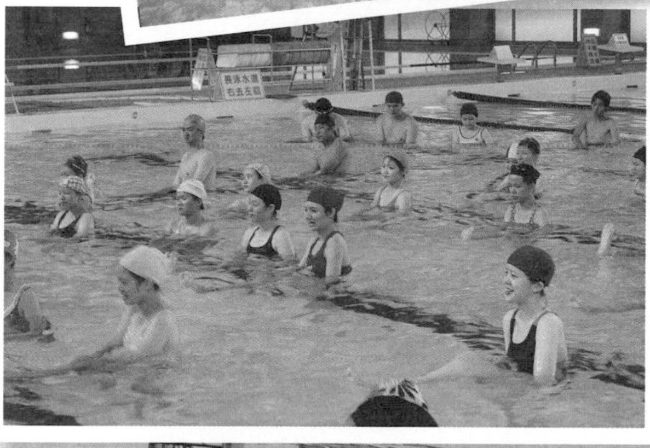

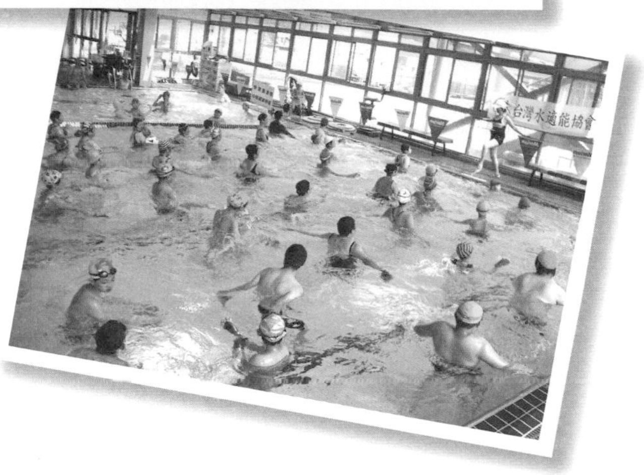
台灣水適能協會

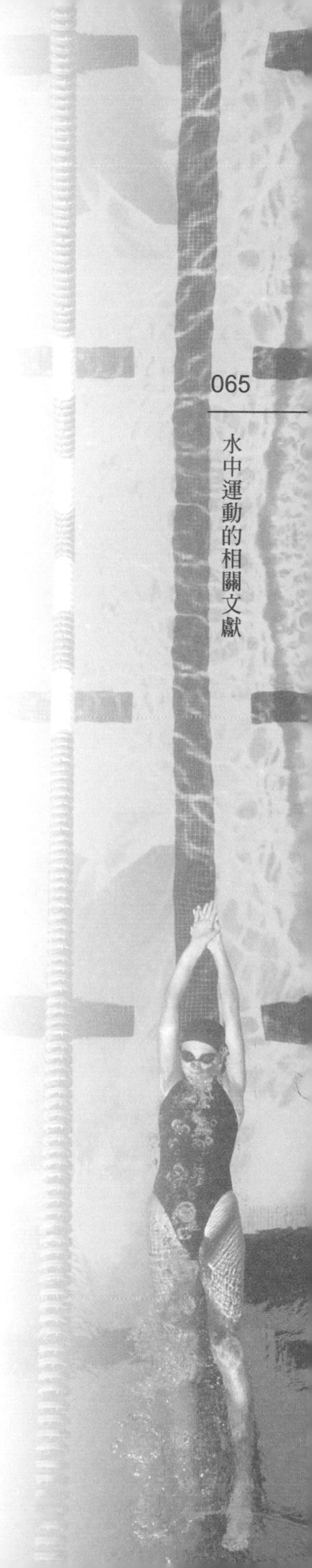

水適能基本訓練原則

從事任何運動都需要符合運動訓練的原則，才能安全、有效率地達到運動目的。以下是對於運動的訓練原則詳細說明：

心肺訓練原則

美國運動醫學學會（ACSM）心肺訓練準則（2010）

1. 頻率：每週3～5次。
2. 強度：最大心跳率的57%～94%，或者是儲備心跳率的30%～85%。
3. 時間：持續運動20～90分鐘，或是每次運動10分鐘，並且一整天的累積運動時間達到20～90分鐘；或是每週累積150～300分鐘，由中等強度到劇烈程度的心肺運動。

4. 運動型態：使用全身大肌群的節律性有氧運動，如水適能、健走、游泳、騎車等。

水中心肺訓練與體重控制訓練準則

1. 六個基礎動作：步行、剪刀步、跳躍、搖擺步、跑步、踢腿。
2. 套用SWEAT方程式以變化動作：

    (1) S（Speed / Surface Area）：利用動作速度和受力面積的變化，以改變運動強度。

    (2) W（Working Positions）：採用不同的動作姿勢（伸直、彈跳、中性、懸浮），以改變所使用的肌群及運動強度。

    (3) E（Enlarge）：加大動作幅度。

    (4) A（Around Body）：以各種不同的動作面（關節或身體四面八方）做動作，以達到肌肉均衡訓練的目標。

    (5) T（Travel）：移位是提升運動強度最有效的方法。

3. 降低運動強度的方法：

    (1) 動作減慢。

    (2) 動作做小。

    (3) 用搖櫓動作以保持穩定。

    (4) 修改動作或以另一動作替代。

4. 增加運動強度的方法：

    (1) 用搖櫓動作以保持穩定。

    (2) 動作加大。

    (3) 更用力推以增加動作速度。

    (4) 繼續採用SWEAT方程式增加運動強度。

5. 持續性訓練：運動強度固定，持續進行20～60分鐘，套用SWEAT方程式變化動作。

6. 間歇訓練：

(1) 與日常活動模式相仿，也適合運動選手的訓練；在水中可避免因局部肌肉疲乏，而無法維持心肺強度的情況。

(2) 時間：運動期20～45秒、休息期30～75秒較適合水中訓練。決定時間長短的因素包括：

a. 利用水阻力的技巧水準。

b. 肌力／肌耐力。

c. 在深水中身體組成（體脂肪的多寡）也會影響運動期與休息期的時間長短。

d. 訓練目標。

肌力／肌耐力訓練原則

美國運動醫學學會（ACSM）肌力／耐力訓練準則（2010）

1. 頻率：每週2～3次。

2. 強度：一個動作反覆做8～12次達到肌肉疲乏的程度，年長者（至少50～60歲以上）或較屏弱者應反覆10～15次。

3. 選擇八個動作訓練全身各主要肌群（手臂、肩膀、胸部、腹部、背部、臀部、腿部），每一動作做2～4組。

4. 每一肌群每週訓練2～3次，同一肌群兩次訓練之間須至少間隔48小時。

肌肉均衡的訓練

因為日常活動以及不良動作習慣，常導致肌肉不均衡的狀況，有些肌肉肌力不足，有些肌肉過度緊繃，因此必須針對這些情況進行訓練，幫助肌肉恢復均衡狀態。

水中肌力／肌耐力訓練準則

1. 隨時訓練核心肌群，可有效強化軀幹穩定肌群。
2. 使用輔助器材可以增加負荷強度，亦可做出離心肌肉收縮的動作。
3. 浮力向上，與重力相反，可訓練到日常使用不足的肌群，有利於肌肉的均衡發展。

4. 水的阻力來自四面八方，能有效訓練全身所有的肌群。
5. 水中阻力強度漸進法：

   (1) 逐漸增加阻力：低強度→增加動作速度／力量→增加受力面積→動作再加速→同時移位→加快移位→加上軀幹穩定性難度（雙腳提起成為懸浮狀態做肌力動作）→高強度。

   (2) 逐漸減少阻力：高強度→腳踩池底（降低軀幹穩定性難度）→停止移位→減慢動作速度→減小受力面積→減小動作幅度→低強度。

柔軟度與關節活動範圍度訓練原則

ACSM柔軟度訓練準則（2010）

1. 型態：採用靜態伸展、動態伸展、彈震式伸展或是PNF技巧
   等，來伸展全身各主要肌群。

2. 頻率：每週至少伸展2～3次。

3. 強度：伸展到稍微有
   不適的感覺即可。

4. 時間：靜態伸展每一
   姿勢停15～60秒。

5. 反覆次數：每一個伸
   展動作至少做4次。

水中柔軟度動作設計

　　水溫高時，做靜態伸展或動態伸展方式皆可；或是靜態伸展與溫和的有氧動作交替進行以保暖，在伸展上肢時也應持續做下肢動態動作避免身體發冷。

　　S ：動作減慢，利用浮力輔助。

　　W：改變動作姿勢，以改變衝擊力和動作幅度。

　　E ：動作範圍度加到最大。

　　A ：採各種動作面進行伸展，可確保柔軟度的均衡訓練。

　　T ：局部肌群進行靜態伸展的同時移位，或是移位以輔助動態
　　　　伸展均可保暖。

🔹 水中運動與體重管理

1. 消耗的能量與陸上有氧運動相仿，每分鐘大約消耗5～10大
   卡的熱量。

2. 一堂水中間歇訓練課所消耗的熱量（45分鐘、300大卡），
   和一堂陸上間歇
   訓練課消耗的熱量
   （45分鐘、248大
   卡）差不多。

3. 影響能量消耗多寡
   的因素很多，包括
   身體組成、動作技
   巧、動機等。

日常活動的功能性訓練

日常活動訓練準則

　　適當的運動訓練可提升高齡者的生活品質，改善姿勢和平衡感，日常活動如步行、上下樓梯、坐下站起等活動做起來都較輕鬆，除身體能力得以提升外，對心理健康也會有所幫助。訓練的重點，包括心肺耐力訓練、肌力／肌耐力訓練、柔軟度訓練與姿勢穩定性訓練。

水中功能性日常活動動作設計

1. 利用地心引力和水的種種特性，來達到超負荷的目標。
2. 指導並經常提醒學員，保持正確的身體線條定位。
3. 調節水的深度，以調整負重的多寡。
4. 訓練穩定性和動態軀幹動作。
5. 讓學員採用強度漸進法，自我調節運動強度。
6. 模擬日常活動的動作，以訓練神經系統正常運作。
7. 針對穩定性所需要的肌力、敏捷性和平衡感加以訓練，以避免跌倒。

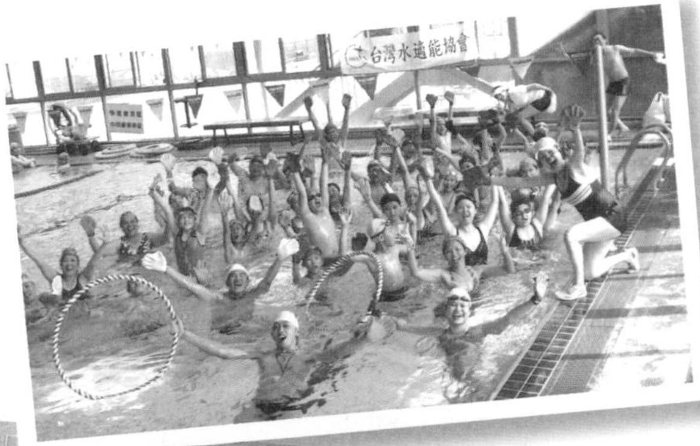
台灣水適能協會

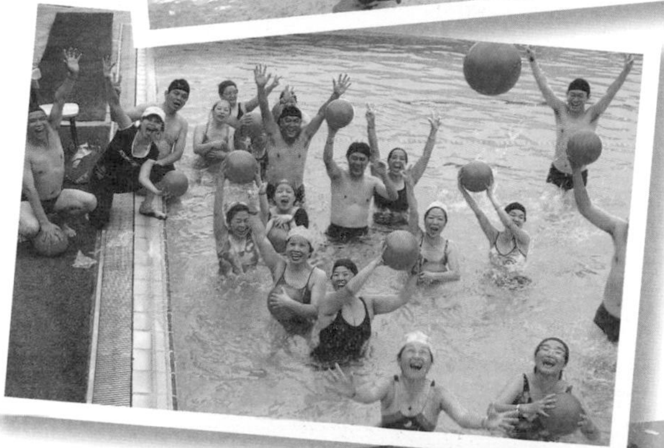

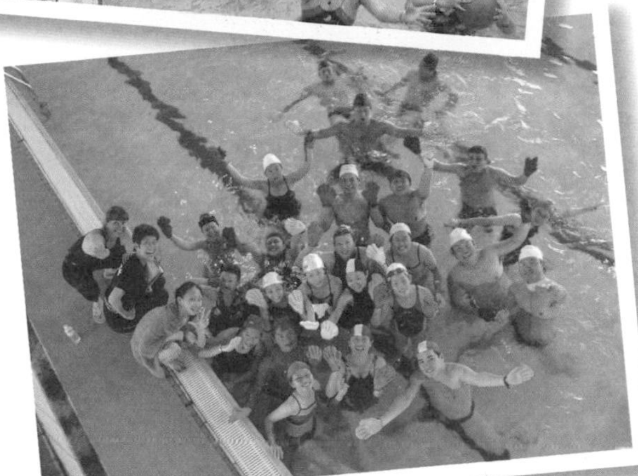

教學實務篇

水適能基本教學準備

本章所討論的水適能教學準備，可分為教練及學員兩部分，茲說明如下。

教練部分

水中有氧教練在從事教學時，須思考下列幾種事項：

教學方法選擇

從事水中有氧教學的方法，有岸邊教學、水中教學，以及岸邊與水中教學併用等方法。

岸邊教學

岸邊教學各有其優、缺點及教學要訣，分述如下：

優點：

1. 容易看到學員，可提供回饋。
2. 可迅速給予視覺指令，減輕聲帶負荷。
3. 可觀察學員，依其體能水準而調節動作強度。
4. 口令和視覺指令合併使用，新學員學得比較快。

缺點：

1. 比較不能安全有效
   地在岸邊模仿示範
   水中動作。
2. 氣溫高、岸邊濕
   滑，比較危險。

教學要訣：

1. 穿著避震止滑鞋。
2. 謹守陸上訓練的安全準則。
3. 只做低衝擊動作。
4. 示範動作，指導學
   員，但不必全程一
   起做。
5. 隨時檢查學員是否
   有頸部過度伸張的
   情況。

6. 可用訓練墊以減少
   衝擊性。
7. 可用輔助器材幫助
   動作示範（例如：
   使用教學椅示範懸
   浮動作）。

8. 穿著必須專業、舒適、利於散熱。
9. 盡可能使用麥克風，以減輕聲帶負荷。

水中教學

水中教學之優、缺點及教學要訣，分述如下：

優點：

1. 可以和學員一起在水中運動，有利於動作的指導與糾正。
2. 對教練來說，比較安全有趣。
3. 對學員有鼓勵作用。

缺點：

1. 學員看不到教練的下肢動作。
2. 必須口頭說明動作，又不容易聽清楚。
3. 新學員技巧不熟練，比較無法跟上資深學員的動作。

教學要訣：

1. 穿水中止滑鞋（抓力夠）。
2. 口令簡潔、明確、清晰。
3. 手勢指令儘量做高，讓每一個人都看得到。
4. 穿著有顏色的緊身襪，並在全班學員中走動指導。
5. 詢問學員感覺用力的是哪一個部位，並指導動作的正確作法。
6. 學員技巧嫻熟後，可採用此法有效教學，教練也會得到較多樂趣。

岸邊與水中教學併用

岸邊教學及水中教學合併使用的教學要訣：

1. 穿著避震止滑的鞋，避免濕滑。
2. 入（出）水時，須注意安全。
3. 背對學員時，救生員必須能密切監管學員的安全。
4. 教練在入（出）水時，應提醒學員持續做動作不要停。
5. 剛入（出）水時，須先適應浮力（重力）的感覺。
6. 有些動作只能在水中示範，如懸浮姿勢的浮板動作。
7. 有新學員時，則必須在岸上教學。
8. 在水中教學時，應詢問學員是否清楚瞭解指令。
9. 穿著上應注意在水中和陸上的舒適感。

水中示範或用錄影帶教學

教學要訣：

1. 讓學員反覆觀看錄影帶中的某一動作，直到完全瞭解爲止。
2. 教練或資深學員在水中示範動作時，讓學員在岸邊泳池轉角處觀看。

回應式教學

1. 目的：讓學員學會所有必要的技巧，並能充分掌控自己的運動強度。
2. 方法：提供學員的指令是正向的、明確的、糾正性的、並有鼓勵性的。
3. 重要技巧：

   a. 正確的身體線條定位。

   b. 藉由力量、動作速度及動作幅度大小的變化，來自由調整動作強度。必要時，可採下列方法降低運動強度：

   - 動作速度減慢。
   - 動作做小。
   - 保持穩定並檢查平衡性和姿勢。
   - 如有必要則用另一動作代替。

教練上課時必須做到之事項

1. 密切觀察學員狀況，根據學員需求適時給予指導。
2. 提醒學員自行調節運動強度，以適合自己的運動強度。
3. 檢查學員是否以最佳人體工學做動作，如有必要時則糾正之。
4. 鼓勵並讚許學員的努力。
5. 確定學員不會感覺冷，如果覺得冷，則指導如何保暖。
6. 給予個人化的、肯定的、明確的回饋。
7. 提醒學員自我監測運動強度是否適當（RPE或談話測試法）。
8. 讓學員有補充水分的機會。

成功教學的秘訣

上課前的準備工作

1. 依泳池的深度、水溫、大小和岸邊可用空間，來設計課程。
2. 一位教練最多指導25位學員。
3. 預先將音樂準備好。
4. 預先測試麥克風音量及電池情況（或使用防水麥克風）。
5. 需要用到的設備及輔助器材準備好，岸邊不應有其他雜物。
6. 問候學員，瞭解每一位學員的狀況，使用健康史問卷；讓新學員和老學員搭檔上課。
7. 必須事先計劃好萬一泳池臨時無法使用應如何上課，雖然不下水還是可以上一堂健身運動課，如伸展、彈力繩阻力訓練，或是有關營養、壓力管理的課。

上課時

1. 視學員需求而決定是否在岸邊或水中教學。

2. 入（出）水及在岸邊教學示範動作，要注意安全，並穿著水中專用鞋，來示範安全的低衝擊動作。

3. 讓學員學會如何在淺水中恢復為直立姿勢，以及如何在深水中採用休息姿勢，以確保安全。

4. 要求學員穿鞋以增加摩擦力並保護雙腳，並建議學員穿著韻律服、緊身褲襪以保暖及舒適感。

5. 鼓勵學員自我調節運動強度。

6. 肢體語言和指令應適合水中的運動速度，所用的口令和視覺指令必須是學員能夠瞭解的。

7. 要讓學員學會所有必要的技巧，而能夠完全自我掌控自己的運動期和休息期。

8. 依據自己的體能狀況進行教學，簡短示範動作的基本做法後，改用指令來指導動作的漸進變化。

9. 用正向的回饋激勵學員，但提醒學員依照個人的情況調節運動強度。

下課後

1. 謝謝學員，介紹下一堂課，提供健康相關資訊，鼓勵學員同時從事陸上運動。

2. 與其他教練分享教學的經驗與資訊，儘量充實自己在健康、體適能及水中運動方面的專業知識。

從事水中運動前應注意事項

　　如何安全進入水中進行運動，以下提供參與者進入泳池前應注意的安全守則，除幫助參與者進入水中體驗不同的運動方式之外，更希望參與者在運動過程中，能安全有效地達到個人適當的運動強度，同時享受水適能運動帶來的樂趣。

　　為確保安全，在開始從事任何新的一項運動前，都應先自我評估身體狀況，如有下列七項狀況中的任何一項，必須先徵詢醫生的意見後，再從事運動。

1. 醫生曾診察出你有心臟方面的毛病，只能做醫生建議的運動。
2. 運動時，會感覺胸悶。
3. 最近一個月內，曾發生不動的時候也感覺胸悶的情況。
4. 有時會因頭昏而失去平衡，或曾暈倒過。
5. 有骨骼或關節方面的毛病，會因增加身體活動量而惡化。
6. 目前有服用醫師處方的血壓或心臟病藥物。
7. 有其他不適合運動的原因。

一般安全注意事項

1. 患有心血管疾病、糖尿病、高血壓、關節炎等慢性疾病者，以及孕婦、銀髮族等特殊族群，在開始從事任何運動前，都必須先徵詢醫生的意見。

2. 應穿著適合水中垂直運動的服裝、鞋子，並使用適當的裝備。

3. 原本沒有運動習慣的人，在開始下水運動的初期應循序漸進，再逐漸增加運動的頻率、時間或強度，不要操之過急，以確保運動的安全性與舒適性。

4. 必須瞭解自己的運動強度是否適中，並學會如何調整運動強度。

5. 在水中運動過程中，保持正常自然的呼吸，千萬不可憋氣。

6. 在水中運動過程中，如果感覺不適，出現胸悶、喘不過氣、頭昏等情況，則應立即終止運動。

7. 運動前、中、後，均可隨時補充水分。

8. 身體感覺不適或有開放性傷口時，則不下水。

下水應注意事項

1. 若必須戴眼鏡下水者，務必將眼鏡兩側扣緊，或事前將眼鏡綁好至頭耳部位置，避免中途眼鏡掉落水中，造成不便及其他人的困擾。

2. 換泳裝前請先如廁，減少運動過程中，上下水池的不便。

3. 換好泳裝及配戴蛙掌手套後，請先行淋浴，以維護水質及個人健康。

準備下水注意事項

當準備好要下水時，切記要以身
體背對泳池，雙手握住扶梯把
手，緩慢的以安全方式下水。

下泳池前，先瞭解泳池水位深
度，找到適合自己個人運動的
水位。合適的水位，是指於肚
臍至胸口之間的位置。

進入泳池後，先深呼吸幾次，
幫助身體適應水的壓力及水的
溫度。

若較怕水或不具游泳技巧的人，可用雙手扶持泳池邊行走，然後再單手來回行走一段時間，以幫助適應水溫及水的浮力與阻力。

當適應水性後，儘可能維持身體直立姿勢，雙手置於身體斜前方來保持平衡穩定狀態，再進行運動。

進一步來回小跑步2分鐘，幫助暖身，跑步過程中，以腳尖先著地後再腳跟著地，並保持正常呼吸。

水適能運動的基本配備

進行水適能運動時，除了穿戴泳衣、泳帽外，還須配戴水中蛙掌手套。在配戴時，切記依以下方式配戴手套：

1 將手套平面攤開看大拇指與小指。

2 將五指依序對準套至中間位置。

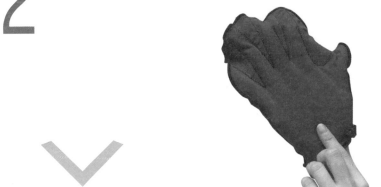

3 另一隻手由上方，依每指尖中間
位置緩慢向掌心內推入。

4 依序五指推至手指最頂端位置。

5 依上述完成再進行前後拉整即可。

水適能運動結束後，請依以下方式收存水中蛙掌手套：

1 脫
首先將一手的手套反脫至手部一半位置。

2 抓
另一隻手將脫至一半的手套抓住。

3 包
抓住包至掌心中。

4 收
另一隻手套依脫、包的方式收好，即完成。

水適能基本教學準備

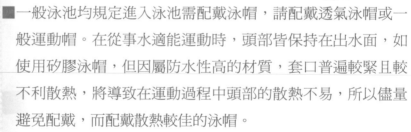

■蛙掌手套切記收好,勿放置於泳池邊,以避免影響其他泳客及遺失或遺忘的狀況發生,建議儘可能隨身攜帶。

■依上述脫戴蛙掌手套動作,可完整保護手套的彈性功能,更可延長手套最長至兩年的使用壽命。

■穿著合身式泳裝。建議最好穿著貼身式的平口褲泳裝,較適合在水中做運動。

■一般泳池均規定進入泳池需配戴泳帽,請配戴透氣泳帽或一般運動帽。在從事水適能運動時,頭部皆保持在出水面,如使用矽膠泳帽,但因屬防水性高的材質,套口普遍較緊且較不利散熱,將導致在運動過程中頭部的散熱不易,所以儘量避免配戴,而配戴散熱較佳的泳帽。

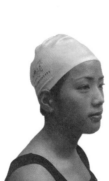

特別
提醒

■高度近視的朋友，泳鏡兩側橡膠帶鬆緊程度，皆會壓迫頭部兩側血管，造成氧氣不容易輸送至腦部，影響運動過程不適感與腦壓上升暈眩狀況。若無必要，請儘量勿戴蛙鏡。

■建議穿戴透氣型、網狀散熱佳的泳帽，如能經現場泳池管理者許可，戴一般可散熱的運動帽也是很好的選擇。泳帽種類有網狀、萊卡布、運動帽……（如圖所示）。

■水中止滑鞋（如圖）：目前國內尚無專用的水中止滑鞋，仍以溯溪鞋替代。「水中有氧」目前僅於教育及推廣教學階段，一般泳池經營業者仍禁止民眾穿鞋子進入泳池，主要是水中止滑鞋是一項專業產品，消費產能有限，因此有待專業單位研發後，提供民眾在水中運動時更具效能。

水適能基礎動作技巧

第一部分

水中正確姿勢與水中基本技巧

1 正確的身體線條定位。

身體直立，保持耳朵、肩、髖骨、腳成一直線，頭部擺正，直視正前方，下巴放鬆與地面平行，肩膀放鬆，背部向上挺直。

2 搖櫓動作：雙手五指張開，掌心朝下，在身體斜前方髖部位置畫扁平的「∞」字形，此技巧可幫助身體在水中平衡與穩定及調整正確運動姿勢。

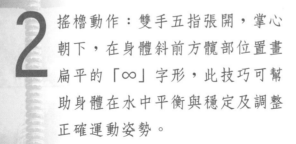

3 水中平衡動作練習：在水中站直身體向前傾斜，雙手往前撥水，並恢復為直立姿勢，向後傾斜往後撥水，傾斜左往左撥水，傾斜右往右撥水，多練習幾次有助於適應水中的阻力與浮力。

第二部分

水中基本動作

　　進行基本動作時，包括走路、跑步、踢腿、搖擺步、跳躍及剪刀步等六個基本步，皆是先以腳尖再腳當的安全方式著地，且膝關節略微彎曲，身體保持直立狀態。

走路

動作說明

以自然步伐前進行走，雙手放於髖部兩側斜前位置，以手部搖櫓動作保持身體直立穩定，依適應狀況再調整步伐大小。

變化

* 可以加大步伐，變成向前大步跨走，或向後大步跨走。
* 也可以改變移位的方向，變成側向螃蟹走。
* 也可以改變手部受力面積，來增加運動的樂趣。

自然步伐

跑步

大腿上下抬起，跑步動作，並變化
手部動作（搖櫓、手刀、杯掌、握
拳），手腳協調，左右交替進行。

變化

＊可以加快步伐或移位向前跑步、向
　後跑步，或原地繞圈小跑步。
＊也可以改變腿部的動作，抬高腿跑，或是後勾腿跑。
＊同時可以改變方向，變成側向交叉跑。
＊也可以改變手部受力面積，來增加運動的變化性與強度。

踢腿

動作說明

大腿微微抬起，小腿左
右交替前踢，亦可變化
左右交替側踢，雙手搖
櫓動作，保持身體平衡
直立穩定。

抬腿跑步

前後踢腿

側踢腿

左右搖擺步

動作說明

兩腳左右分開跳，手部及身體重心力量
左右傾斜，同邊手掌向下壓，亦可變化
身體重心的力量前後傾斜，雙手做向前
抱水或向後撥水的動作。

左右傾斜

前後傾斜

跳躍

動作說明

雙腳併攏離地向上跳，同時雙手（蛙掌）向下壓水，亦可改變
兩腳張開彎曲向上跳，同時雙手則在身體正前方向下壓水，以
輔助身體向上。

雙腿併攏，以膝離地

雙腿側開，屈膝跳躍

剪刀步

動作說明

前弓後箭方式，手部動作
（手刀、杯掌、握拳）配合
改變運用，手腳協調方式左
右交替進行。

前弓後箭

第三部分

SWEAT方程式

　　對於剛開始從事運動的人來說，水中環境可以自行決定適當的配速及運動強度，如有需要也可以利用水的浮力隨時輕鬆地在水中休息。而對於體能較好、想要從事較劇烈運動的人來說，也可以利用水的阻力，來達到訓練的效果。從某些方面看來，水中是比較柔性且安全的運動環境，就算在水中不慎滑跌，也較不易受傷，且因水中動作的衝擊性較小，對於關節的壓力也較小。由於水中特殊的安全環境，特別適合銀髮族以及許多因特殊病況而無法從事一般陸上運動的族群等所從事的運動之一，因為在水中比較可以自如地活動不受限，更可藉由水中運動來鍛鍊並維持體適能。

　　我們可以將SWEAT方程式視為是變化動作的五種「工具」，將六個基本動作熟練之後，就可以套用在各個動作上，並將前述的每一種動作加以變化、改變強度，來保持肌肉均衡。這簡易的方程式讓參與者能輕鬆地記住每個設計動作的要點，而每一個英文字母皆代表水的一項特性及一個特定的訓練目標。其各項變化，說明於下：

S：改變受力面積和速度的變化

改變受力面積（Surface area）和速度（Speed）的變化會改變阻力的大小，進而改變運動強度；力臂加長、速度加快，會使阻力成幾何級數增加，並會改變行進時身體的形狀。增加或減少行進時的受力表面積，會影響形狀及水波拖曳力、漩渦阻力和正面阻力。

示範動作一

改變「手部」受力面積的大小，可分為五指併攏切划、雙手握拳、五指併攏成杯狀、五指張開成蛙掌等四級。

第一級：五指併攏切划

第二級：雙手握拳

第三級：五指併攏成杯狀

第四級：五指張開成蛙掌

改變「手臂」動作速度：
雙手向前抱水，先以手刀
方式向前切划，然後力量
加大、速度加快。

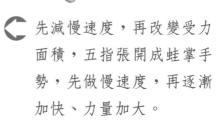

先減慢速度，再改變受力
面積，五指張開成蛙掌手
勢，先做慢速度，再逐漸
加快、力量加大。

✎ W：採用不同的動作姿勢

W（Working positions）代表動作姿勢，包括直立、中性、彈跳、懸浮等四種動作姿勢，來改變水的深度、浮力大小和動作的動態程度。

動作姿勢是在設計課程動作時最重要的一項要素，藉由動作姿勢的改變，可以增加或減少地心引力對人體的作用，採用懸浮姿勢時還可模擬漂浮狀態，雖然運動強度很高，但衝擊力幾乎等於零；而只要改變動作姿勢就會改變運動強度，主要是因為應用到各種水的特性。

直立

身體伸直站立，以正常姿勢做動作，這是水中運動的基本動作。

中性

身體蹲低使水位到頸部，地心引力作用減少、浮力增加，身體垂

直上下起落動作減少，運用手部長力臂水平動作，增加速度、拖曳力、作用力／反作用力。身體蹲低成中性姿勢，肩膀也浸泡在水下，動作都不會激起水花，雙腳輕碰池底。

彈跳

「彈跳」可增加地心引力、慣性、衝擊力及水流的作用。採彈跳姿勢時，雙腳用力推池底，身體向上提起，落下時略為屈膝，注意體線定位，耳朵、肩膀和髖部對齊成一直線。

懸浮

身體漂浮狀態，雙腳不碰池底，幾乎沒地心引力作用，手部搖櫓與腳部動作，保持身體垂直軀幹水平穩定平衡。利用浮力讓身體成懸浮狀態，手腳用力做快速協調動作，以保持身體的平衡和軀幹垂直的狀態，肩膀向後，臀部擺正。

✒ E：加大動作

方程式中的 E（Enlarge）代表加大動作，增加動作的幅度。利用水的浮力支撐上肢和下肢，做到關節完全可動作的範圍，可增加形狀拖曳力、受力表面積和運動強度，同時也可增加柔軟度。

示範動作一：加大動作

先做短槓桿的轉體動作，然後伸直手臂和雙腿做長槓桿的轉體動作，並且在身前交叉，再增加動作幅度，手勢則從切划改變為蛙掌，以加大受力面積。

初階動作

進階動作

示範動作二：改變身體重心

先採弓箭步站姿來做雙手下壓水的動作，然後併起雙腿來做相同的下壓水動作，再增加動作的速度，手勢則從切划改變為蛙掌，以加大受力面積。

初階動作

進階動作

A：身體或關節的各個方向

在達到肌肉的均衡發展後，再套用方程式中的 A（Around the body or joint），也就是圍繞身體四周做動作，改變動作面。

改變動作面可讓學員感受如何對抗水的阻力做動作，同時也可以刺激神經肌肉系統，啟動更多的肌纖維以做出動作，從而增加肌力和肌耐力。

1. 假想人體是一個圓形的中心，手臂和雙腿可以經過中心點，畫出多種不同方向的線。
2. 前後動作與左右動作相結合、斜前斜後打開，變成單邊的動作。
3. 運用「手部」基本動作：五指併攏切划、雙手握拳、五指併攏成杯狀、五指張開力臂長短動作，利用身體軀幹的作用力／反作用力，加上手部力臂旋轉，活動範圍增加，增加運動強度，亦可訓練肌力與肌耐力。

人體是一個圓形的中心

T：移位動作

方程式中的最後一個字母 T（Travel）代表移位。讓身體在水中推進的動作，可以有效提升運動強度，做移位動作時會應用到水的所有特性及力量，人體因必須對抗這些力量和特性來作功；移位是增加運動強度的最佳方式之一。

1. 向前跑時腹部內收，注意體線定位，向前行進時下巴不要前凸。
2. 後退跑時臀部略為向內收，注意體線定位，身體不要過度前傾。
3. 側向移位時，身體略為側傾。
4. 運用活動空間增加速度，改變方向拖曳力、作用力/反作用力，提高運動時的樂趣性，運動強度亦會增加。

SWEAT方程式的套用實例

接下來將每一個不同的動作套用整個方程式，以便創造出多種不同的變化，在應用每一樣工具時，強度都會有所改變。

開合步的動作變化

S ：改變受力面積和動作速度，短槓桿改變為長槓桿。

W ：變化動作姿勢，彈跳，用力向上提起；中性姿勢，對抗水
的阻力做大動作，懸浮，雙腳提起不碰池底。

E ：代表加大動作，先做柔軟屈曲的小幅度動作，然後再加大
動作幅度；改變為短槓桿僵硬有力的動作，再加大動作。

A ：圍繞身體四周，前後、左右，再打開做斜前斜後的動作，
單腳動作。

T ：移位動作，前進、後退、側移，也可以向斜前方或斜後方
移位。

剪刀步（手臂雙腿前後擺動）動作變化

S ：改變受力面積和速度：

1. 改變受力面積：雙手手勢從切划變為平手掌，在水中用
力推拉；改變為腳尖向外。

2. 改變速度：加快或減慢速度以改變阻力的大小。
改變受力面積和速度都會影響運動強度，較慢較小的動作
比較輕鬆，較大較快的動作則比較吃力，讓學員依照自己
的體能狀況調整動作速度和受力面積。

W ：變化動作姿勢：

1. 以彈跳姿勢做動作，做到最大幅度的屈伸動作。

2. 動作減慢並改變為中性姿勢，重心降低，感覺浮力加
大；雙腿儘量伸長，前後剪刀動作做到最大動作範圍
度。

3. 動作再減慢並改變爲懸浮姿勢，用雙手手臂幫助身體上提，雙腳完全不碰池底，剪刀動作加大到舒適的幅度，此動作姿勢爲無衝擊。

4. 動作減慢並改變爲伸直的姿勢。

E：加大動作：

1. 開始時先做小剪刀步，再讓學員逐漸加大動作範圍度，在舒適範圍內儘量加大；然後再將動作做小後，再變化動作幅度。

2. 爲挑戰心肺耐力和肌耐力，要求學員在加大剪刀動作的幅度時，保持原來的速度，如果加大動作幅度時，動作速度減慢，可用在動作範圍度的訓練上。

A：以身體或關節的四周各個方向做動作：

1. 前後剪刀步。

2. 動作面改變爲左右，成爲開合步。

3. 再改變爲斜前斜後。

T：移位：

1. 前進。

2. 後退。

3. 側移。

4. 斜向移動。

　　很多動作都可以套用SWEAT方程式加以變化，並發揮創意，進而變化出許多個人專屬的動作。這個方程式，皆可應用在其他基本動作上。

調節運動強度

降低運動強度：降低運動強度的四個方法（4個S）

四個S調節運動強度的四個方法，非常簡單易記，分別代表：

S（Slow）：減慢動作。

S（Smaller）：動作做小。

S（Stabilize）：保持平衡穩定，檢查動作是否協調而穩定，或是搖櫓同時輕鬆跑步，用穩定肌群控制身體。

S（Substitute）：換一個類似或更輕鬆的動作替代，以增加舒適感。

調節／增加運動強度

改變受力面積

1. 動作速度不變，但逐漸增加受力面積，感覺動作強度漸增。

2. 先用短槓桿做柔軟屈曲的動作，手勢爲切划。

3. 增加雙手的受力面積成爲握拳，再加大爲杯狀手勢，最後變成蛙掌，也就是手部的最大受力面積。

4. 保持柔軟屈曲的動作質感，但加長槓桿，將手臂伸直。

5. 同樣逐漸增加雙手的受力面積，從切划、握拳、杯狀手勢到蛙掌。

此時，可以感覺到動作強度，會隨著受力面積的漸增或漸減而改變。

改變動作的速度或增加動作的力量

1. 速度、爆發力和力量增加時，動作強度也會隨之增加。
2. 先以短槓桿做柔軟屈曲的動作，也就是放鬆地做動作，然後加快動作、用力做。
3. 改變為僵硬的動作，先以短槓桿做較慢的動作，然後再加快、用力，以增加動作強度。
4. 也可以用蛙掌手勢用力向內推，再放鬆切划向外。
5. 為求肌肉均衡，順序相反來做，放鬆切划向內，蛙掌用力向外。

加大動作的幅度

再進一步增加動作強度，動作速度不變，但上肢和下肢都伸直，同時加大動作的幅度。

加上移位

最後，加上移位以增加動作強度，儘量用爆發力推水。

要降低運動強度，只要以相反的順序應用上述四個方法，就可移位恢復為原地動作，縮小動作幅度，比較不用（費）力，速度減慢，受力面積減小。

監測運動強度

監測運動強度有兩種簡單的方法，即談話測試法和自我感覺。運動時呼吸會加深加快，談話測試法就是檢查此時是否仍能說出一

談話測試法

句話，而不至於喘不過氣來；另外，一個方法是要密切注意自己身體的感覺以及正在做的動作，這就是自我感覺。

從事水中運動時，如果感覺有一點喘但不會太喘；用力做動作的肢體部位，肌肉有一點痠但又不會太痠，這樣就表示運動的強度是恰當的。

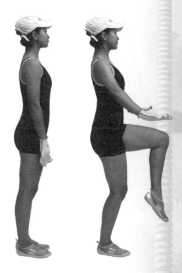

1. 感覺累了嗎？許多人都會出現還沒有呼吸急促，就已經先感覺肌肉疲勞的情況。

2. 動作是否確實？檢查自己的體線是否保持良好的姿勢？還是因為得勉強跟上而動作變形，姿勢不良了？假如真是如此，就應降低動作強度，或是更換另外一個動作，保持良好的姿勢。

3. 為了要保持運動強度和舒適度，一定要持續不停地做動作以保持暖和，也可以視需要而穿脫保暖的衣物。

水適能課程設計原則

指導教練必須事前告知參與者安全的下水方式，在下水後找到適合個人的運動水位。對於一些不適水性或怕水的參與者，可以教導他們先扶著岸邊行走，待逐漸適應水中環境後，再放開手運動操作動作。

水中課程設計原則

一般水中運動課程時間建議約30～60分鐘，最適當的課程時間為40～50分鐘，可因應場地、環境、氣溫的不同狀況，適時調整運動時間與強度。若氣溫較低時，暖身的時間應增加。課程內容分成為浮力暖身、心肺暖身、主動作及保暖緩和與伸展等四個階段，每一階段都有主要的訓練目的，分別說明如下：

浮力暖身（3～5分鐘）

1. 尋找適合自己的水位，適合水位應該是可以對抗浮力而保持動作的控制性，比如浮力較小的人可以站在較深的水位，而浮力較大者可以站在水較淺處。
2. 練習以中性和懸浮姿勢，來保持良好的體線定位、平衡及搖櫓動作。
3. 以低強度練習主運動階段會做的各種動作。
4. 使心跳率略為升高，暖和各個肌群與關節，以適應水中環境及輔助器材；為了不要讓表面拖曳力太大使運動強度過高，在這個階段儘量不使用輔助器材。

心肺暖身（2～3分鐘）

1. 主運動開始前，先以低強度練習移位動作，注意正確的體線定位；心肺暖身特別強調移位時的各項變化及安全考量。

2. 開始移位時阻力變大，浮力、平衡性及姿勢定位的穩定性都會受到大幅度的影響，因此需要在開始做主運動之前，先以低強度的方式練習。
3. 以漸進的方式增加運動強度，逐漸增加深層肌肉的溫度，使心跳率加快至目標心跳率的低標範圍內。

以下示範八個水中暖身動作，提供參考：

動作一：搖櫓跑步

主要訓練：幫助血流量輸送氧氣至全身，增進體熱，為後續主運動做準備。

操作方式：原地小跑步，膝蓋上抬，以搖櫓方式控制身體穩定性，在水中保持直立穩定。依個人對動作的適應狀況及熟悉程度，再進行前、後、左、右方向或加大動作範圍，重複操作；適應後，再增加移動位置，以均衡運動全身各肌群為原則。

注意事項：腳部應注意先腳尖著地然後腳掌、腳跟著地，膝關
　　　　　節彎曲連續完整動作，每一步腳掌都須踩滿。若身
　　　　　體移位失去平衡時，雙手以扁平「∞」字型來輔助
　　　　　身體的穩定，再進行下一個動作。

時間／次數：持續20秒～1分鐘。

動作二：握拳跑步

主要訓練：增進心肺適能訓練，增加腿部前後及臀部肌肉耐力
　　　　　訓練。

操作方式：手部握拳配合腳部協調
　　　　　方式持續跑步，前進2
　　　　　～3公尺左右，往返來
　　　　　回跑步。

注意事項：縮腹挺胸，腳尖先著地
　　　　　然後腳跟著地，膝蓋彎
　　　　　曲保持彈性，每一步腳
　　　　　掌都須踩滿，連續完整
　　　　　動作。如體溫上升不
　　　　　夠，手腳動作加大，大
　　　　　腿抬高接近腹部高度，
　　　　　或速度加快即可達到體
　　　　　熱效應。

時間／次數：持續30秒～1分鐘。

動作三：抬膝踢小腿

主要訓練：增進大腿後側及臀部肌肉收縮訓練，並有利加強關
節靈活度。

操作方式：大腿上抬後，小腿稍微用力向上踢水。

注意事項：站立的腳都必須保持微彎狀態，以不同手不同腳協
調方式進行。柔軟度較弱者，可依個人程度調整踢
腿高度；柔軟度較佳者以漸進方式調整高度。如下
圖操作過程中，都必須保持身體直立穩定。

時間／次數：持續30秒～1分鐘，左右8～12次。

動作四：抬膝側抬腿

主要訓練：增進髖部關節活動範圍及靈活度，並有利強化大腿
內外側肌肉收縮訓練。

操作方式：雙手於髖部兩側大腿於身體側邊，單腳抬膝向上，
左右輪流以膝蓋接近手掌位置。

注意事項：站立的腳必須保持微彎狀態，雙手於髖部兩側以搖
櫓方式，持續保持腹部縮緊，身體直立穩定。柔軟
度較佳者，可漸進方式調整抬腿的高度，腳尖輕碰
手掌。如下圖操作過程中，都必須保持身體直立。

時間／次數：1～2分鐘，左右各8～12次。

動作五：小腿後踢

主要訓練：加強大腿後側、臀部、小腿前側肌肉收縮訓練，以
　　　　　增進大腿前側及髖部向後延展能力。

操作方式：站立的腳都必須保持微彎狀態，小腿稍微用力向後
　　　　　踢水。髖部及大腿柔軟度較佳者，如下圖小腿腳跟
　　　　　用力後上踢水，接近臀部高度。

注意事項：雙手於髖部兩側持續搖櫓動作，並保持腹部緊縮身
　　　　　體直立穩定。

時間／次數：1～2分鐘，左右各8～12次。

動作六：髖部側抬腿

主要訓練：增進大腿內側、臀部、側腰部肌肉收縮訓練，以增
進髖關節活動範圍。

操作方式：手搖櫓保持身體直
立穩定姿勢，大腿
側抬小腿稍用力由
後向上踢水，接近
手部高度，連續交
替操作。

注意事項：另一手保持搖櫓方式，控
制身體穩定平衡姿勢。

時間／次數：1～2分鐘，左右各8～12次。

動作七：前進後撥水

主要訓練：增進肩部關節活動範圍，並
強化手臂、背部肌肉耐力。

操作方式：大腿上抬跨大步前進，雙手
前舉於胸前伸直，手掌向
外，向後撥水幫助身體前
進。

注意事項：手部關節都必須保持微彎狀
態，依個人肩關節柔軟程
度，漸進調整撥水範圍。

時間／次數：8～12次。

動作八：跨步前進抱水

主要訓練：增進手臂、胸部肌肉耐力訓練，強化腹部肌群的穩定性。

操作方式：腳抬高跨大步前進，雙手平舉於身體兩側，張開手掌向前抱水。

注意事項：操作過程，都必須持續保持腹部縮緊，身體直立穩定姿勢。

時間／次數：8～12次。

整套水中浮力及心肺暖身運動時間約5～10分鐘，確實操作能達到提高體溫，增進提升後續運動過程的安全性，尤其更有效降低水中運動小腿抽筋的現象。

主運動（20～40分鐘）

心肺運動

訓練目標：提升心肺耐力及消耗卡路里。

1. 選擇操作六個基本腳步動作，並套用SWEAT方程式來加以變化。運動強度應維持在自覺量表（RPE）的12～16之間，以間歇或連續性的方式進行。

2. 因為浮力和衝擊性較低，所以可以拉長運動時間，不像陸上運動會因重力的關係而增加運動傷害的危險。

3. 移位時會利用到水的多種特性，研究亦指出，移位會使運動強度大幅增高。在水中運動時，與其以複雜的組合動作來達到運動強度，倒不如用單一基本動作所創造出的多種變化來改變水的特性，進而達到目標，這樣的變化方式可創造出強度的漸進。

訓練秘訣：1. 採用不同的肌肉群及多種動作變化，可避免因肌肉疲勞而無法維持運動強度。在水中手臂比腿部更容易感到疲勞，因此為保持適當的運動強度，儘可能在肌肉疲勞之前或動作變慢時改變動作。

2. 在水中運動時，關節所受的衝擊力降低，所以運動時間可以比在陸上長，有利燃燒較多的卡路里，運動起來也會較舒適、較有趣。

3. 若想要達到訓練效果，運動強度必須和陸上所建議的強度相仿。

肌力強化運動

訓練目標：單一肌群的動作訓練，是利用水的阻力來強化肌力與肌耐力的訓練。

訓練秘訣：1. 可有效增加肌肉質量，進而增加新陳代謝率，這一點對體重管理非常重要，因為體能較佳者，燃燒的卡路里會比體能較差者來的多。一個人的肌肉質量增加會提升動作的能力，自然也會增加身體的活動量，即使是老年人也不例外。

2. 訓練單一肌群至接近疲乏的程度，然後再以慢動作或不同的動作來休息。肌力訓練動作的反覆次數及組數必須夠多，必要時可以加上超負荷的輔助器材。

3. 採用協同動作來保持身體暖和，例如做上手臂肌力動作時，雙腿應持續做輕鬆的動作。

保暖、緩和與伸展（3～5分鐘）

訓練目標：1. 運動後的伸展是用來提升個別關節的可動範圍，這時最適合用來提升柔軟度。如果水溫較低，則在伸展時身體其他部位必須持續做動態動作來保暖，例如在伸展上肢的同時，可輕鬆做慢跑動作。

2. 進行簡短的保暖緩和時，可做一些簡單、輕鬆、浮力性的動作，讓學員出水上岸時，仍感覺暖和。

3. 保持關節的活動範圍度及活動性，可讓動作更有效率。

為了減少運動傷害，當主運動結束後的「伸展運動」是十分重要的，目的是要放鬆肌肉、恢復疲勞，有利提升柔軟度。以下簡單介紹幾個大肌肉群的伸展動作，提供參考：

體側伸展

伸展部位：身體軀幹兩側。

操作方式：雙手由左方向上延長，身體以半弧形狀態，往右方
向小步伐側移動。

訓練時間：一次約10～20秒，左右交替各操作兩次。

大腿前側伸展

訓練部位：大腿前側、膝關節。

操作方式：單腳站立，小幅度上下跳動，確保在水中維持適當體
溫不至發冷。手握住腳踝屈膝，將腳跟靠向臀部，
此時大腿前側會感覺緊繃。另一隻手以搖櫓動作保
持身體穩定。

訓練時間：一次約10～20秒，左右交替各操作兩次。

大腿後側伸展（一）

訓練部位：大腿後側、臀部、下背伸展。

操作方式：單腳站立，小幅度上下跳動，確保在水中維持適當
體溫不至發冷，一手將大腿扣住靠向身體，另一隻
手以搖櫓動作保持身體穩定。

訓練時間：一次約10～20秒，左右交替各操作兩次。

大腿後側伸展（二）

訓練部位：大腿後側。

操作方式：單腳站立上下跳動，雙手扶住大腿後側，膝關節保
持微彎，腳掌向前延伸，這時大腿後側會感覺緊
繃，此動作有利增進大腿後側的柔軟度。

訓練時間：一次約10～20秒，左右交替各操作兩次。

臀部伸展

訓練部位：臀部。

操作方式：單腳彎曲將腳踝放在另一大腿上，身體挺直，重心
降低成中性姿勢，雙手以搖櫓動作保持身體穩定及
維持體溫，視個人適應狀況，著地的腿可採間歇性
離地，對臀部伸展的效果更明顯。

訓練時間：一次約10～20秒，左右交替各操作兩次。

大腿內側伸展

訓練部位：大腿內側。

操作方式：單手由外側扶住大腿後側抬腿，另一手保持搖櫓動
作；另一腳關節保持微彎，做小幅度彈跳以保持體
溫。

訓練時間：一次約10～20秒，左右交替各操作兩次。

背部伸展

訓練部位：背部。

操作方式：降低身體重心，腹部內收，背部向後供起，雙手向
前延伸，慢慢向後移動。

訓練時間：一次約10～20秒，左右交替各操作兩次。

胸部伸展

訓練部位：胸部。

操作方式：手臂放鬆水平放於身體兩側，跨大步伐向前移動，
水流會將手臂向後方推，如此即可達到訓練胸部肌
群的效果。

訓練時間：前進行走約10～20秒。

水中40～50分鐘教學課程設計

暖身運動（8～10分鐘）

走路 2～3分鐘	S－手部動作	受力表面積和速度（搖櫓、切划）做改變。
	W－運動位置	動作姿勢中性位置。
	E－手腳範圍	動作由小加大。
	A－身體或關節四周	
	T－移動位置	前進、後退、左右兩側跨步、左右斜前。
	運用手部（搖櫓、切划）動作維持身體在水中的穩定及協調，重覆練習。	
跑步 2～4分鐘	S－手部動作	受力表面積和速度（搖櫓、切划、握拳、蛙掌）做改變。
	W－運動位置	中性位置。
	E－手腳範圍	協調方式動作由小加大。
	A－身體或關節四周	兩腳併攏跑步，兩腳張開跑步。
	T－移動位置	前進、後退、左右兩側、左右斜前。
	循序漸進方式小跑步→中型跑步→大型跑步方式，變化方式前跑→倒退跑→左跑→右跑→轉身180度折返跑。	
踢腿 2～3分鐘	S－手部動作	受力表面積和速度（搖櫓、切划）做改變。
	W－運動位置	中性位置、彈跳。
	E－手腳範圍	協調方式動作由小加大。
	A－身體或關節四周	前踢、側踢、後踢。
	T－移動位置	前進、後退、左右兩側、左右斜前。
	踩步前踢小腿（左右腳交替練習），手部動作身體平衡協調練習，踩步前踢大腿（交替練習），手抓腳尖靜止動作，下背及腿部伸展。雙手兩側對抗水的阻力排水，協調方式將動作加大。	

主運動（20～30分鐘）

心肺訓練（搖擺步）3～5分鐘	S－手部動作	切划、蛙掌做改變。
	W－運動位置	中性位置、彈跳。
	E－手腳範圍	協調方式動作由小加大。
	A－身體或關節四周	原地手腳前後、兩側協調。轉一圈後再回轉。
	T－移動位置	前進、後退、左右兩側、左右斜前。
	原地小跑漸漸改變成中型跑步，雙腳張開跑步，改變成移動式，重拍右腳著地跑，身體配合重心位置，反覆左邊方向，再改變成右左斜側方向，調整成正面方向；或單腳彈跳，交替後改變次數（由多變少），循序漸進動作加大。	
肌力訓練（胸部及背部肌群）2～3分鐘	S－手部動作	切划、握拳、蛙掌做改變。
	W－運動位置	中性位置。
	E－手腳範圍	協調方式動作由小加大。
	A－身體或關節四周	原地手腳前後、兩側協調。
	T－移動位置	
	單手平行緩慢前移，雙手前移，改變受力面積，增加雙手變化用力前推水，同時增加水的阻力，或加快速度。	
心肺訓練（剪刀步）3～5分鐘	S－手部動作	切划、握拳、蛙掌做改變。
	W－運動位置	中性位置、彈跳。
	E－手腳範圍	協調方式動作由小加大。
	A－身體或關節四周	原地手腳前後、兩側協調。
	T－移動位置	
	正面前弓箭步左右腳交替練習，循序漸進加快速度及手部動作變化，改變成正面左右開合跳，再改變左右斜前方或斜後方；或兩腳合併跳，改變成兩腳前後分開跳，再改變成開合跳。	

肌力訓練 （上肢及核 心肌群） 2～3分鐘	S－手部動作	切划、握拳、蛙掌做改變。
	W－運動位置	中性位置。
	E－手腳範圍	協調方式動作由小加大。
	A－身體或關節四周	原地、左右兩側或左右斜前。
	T－移動位置	
	單手握拳緩慢前推，雙手左右交替練習改變次數，增加速度同時 可增加水的阻力。	
心肺訓練 （跳躍） 3～5分鐘	S－手部動作	搖櫓、杯狀、蛙掌。
	W－運動位置	離地跳躍。
	E－手腳範圍	協調方式動作由小加大。
	A－身體或關節四周	原地跳躍或膝關節彎曲跳躍。
	T－移動位置	後退、左右兩側、左右斜前。
	原地雙腳合併離地跳，左右斜前，向前後移動跳，左右兩側移動 跳，阻力亦會增加，相對運動強度亦會增加。	
肌力訓練 （懸浮練習） 2～3分鐘	S－手部動作	搖櫓、蛙掌。
	W－運動位置	中性位置、懸浮。
	E－手腳範圍	協調方式動作由小加大。
	A－身體或關節四周	原地單腳、雙腳合併離地、抬膝雙腳張 開離地、雙腳張開踢腿。
	T－移動位置	增加懸浮動作變化運動方式，向前及向 後移動跳。
	單手握拳緩慢前推，雙手左右交替練習改變次數，增加速度同時 可增加水的阻力。	
心肺訓練 （跑步） 3～5分鐘	S－手部動作	受力表面積速度（搖櫓、切划、握拳、 蛙掌）做改變。
	W－運動位置	中性位置、彈跳。
	E－手腳範圍	協調方式動作由小加大。
	A－身體或關節四周	原地跑轉一圈再回轉，複習先前動作。
	T－移動位置	前進、後退、左右兩側、左右斜前。
	循續漸進方式小跑步→中型跑步→大型跑步方式，變化方式，左 跑一段再轉右斜前跑一段，交替進行。	

保暖、緩和與伸展（6～8分鐘）

踢腿 3～4分鐘	S－手部動作	搖櫓、切划做改變。
	W－運動位置	中性位置、彈跳。
	E－手腳範圍	協調方式動作由小加大。
	A－身體或關節四周	前踢、側踢、後踢。
	T－移動位置	前進、後退、左右兩側、左右斜前。
	動作速度放慢，踩步前踢小腿（左右腳交替練習），手部動作身體平衡協調練習，踩步前踢大腿（交替練習），手抓腳尖靜止動作，下背及腿部伸展。雙手兩側對抗水的阻力推水，協調方式將動作作大。	
走步 3～4分鐘	S－手部動作	受力表面積和速度（搖櫓、切划、蛙掌）做改變。
	W－運動位置	動作姿勢中性位置。
	E－手腳範圍	協調方式動作由小加大。
	A－身體或關節四周	原地轉身。
	T－移動位置	前進、後退、左右兩側、左右斜前。
	手臂放鬆兩側展開前進走一段，再將手臂放鬆於前身體成弧形往後走，來回練習。	
伸展示範動作	請參閱130～134頁。	

應用篇

教學口令與指令運用

教學時應具備的教學技巧

1. 學習動作的「模仿」能力。
2. 示範動作的「完整」性。
3. 執行動作的「確實」性。
4. 敘述動作的「口語表達」能力。
5. 激勵動作的「聲調語氣」引導力。
6. 動作教學「面向、背向、側面」示範運用。

視覺指令動作教學運用

保持身體姿勢

雙手搭肩然後下移至兩側髖部，雙手握拳上下重疊，於胸下及肚臍位置，腹部必須收緊並保持身體挺直。

調整運動位置

尋找適合個人的運動水位位置，雙手左右水平展開，原地自轉一圈取出個人運動空間。

運動水位

直立姿勢

單手手肘彎曲，手臂緊靠於
身體側邊。

 中性姿勢

單手手肘彎曲，手臂抬高
與肩膀水平於胸前。

懸浮姿勢

雙手手肘彎曲，上下分開於
胸前。

彈跳動作

雙手掌心朝上，重複連續向
上拍的動作。

 手牽手

雙手上下手指緊扣於胸
口位置。

動作加大

雙手掌心對掌心，由身體
中心位置向外兩側打開。

動作縮小

掌心向內，雙手由外兩側向身
體中心內收。

 動作放慢

單手五指展開，掌心向
下，由頭頂高度位置緩緩
往下移到腰部位置。

動作用力

單手或雙手手肘彎曲握
拳，由前方向胸前肩膀位
置緊靠身體。

保持正常呼吸

手臂抬高，手肘彎曲，手腕於下巴及鼻頭空間位置，由內向外直立方式連續畫圓圈。

準備變化動作

雙手掌心或手背向前，抬高於胸前高度位置，保持靜止狀態。

轉圈

單手水平方式，由左向右或由右向左畫圓。

動作繼續

手肘彎曲，於側邊45度由
外向下向內連續畫圓圈。

 向右移動

單手於身體側邊，指向右邊方向。

向左移動

單手於身體側邊，指向左邊
方向。

向前移動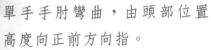

單手手肘彎曲，由頭部位置
高度向正前方向指。

向後移動

單手手肘直的，由正前方
向，然後手肘彎曲頭部側邊
高度位置向後方向指。

注意看我

單手掌心向前，抬高於胸前
高度位置保持靜止狀態。

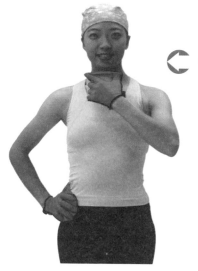

保持臉部微笑

單手掌心向內，手勢虎口靜止於
下巴位置，且面帶微笑方式。

做得很好、很棒、太棒了！

單手或雙手向前豎起大拇指。

多樣化有趣活動課程

前幾章都提到了水中運動確實可以安全有效地提升心肺耐力、增進肌力和肌耐力、訓練柔軟度、消耗熱量、改善功能性的身體能力，當然也利用了「水」的特性來設計較有趣味性的團體動課程，提供參與者達到身體活動效益之外，還能夠玩得很開心。這些趣味性的水中活動可分為遊戲式的水中活動和競賽性的水中活動等兩大類，以下幾個範例提供參考。

遊戲式的水中活動

水中接龍

腿部動作：跑步、搖擺步。

手部動作：搭肩。

隊　　型：一條龍、繞八字、圍圈。

活動方式：由龍頭帶領移動方向圍成圓圈時由領導者下口令指
　　　　　示變換方向（順時針或逆時針方向移動）。

器　　材：無。

水花四濺

腿部動作：踢腿。

手部動作：手牽手。

隊　　型：圓圈。

活動方式：圍圓圈前踢腿
　　　　　動作向內踢出
　　　　　水花，或跐踢
　　　　　腳趾出水面。
　　　　　向後踢水縮小
　　　　　圓圈。

器　　材：無。

水中蛟龍（一）

腿部動作：跑步。

手部動作：不限。

隊　　型：排隊進行。

活動方式：個人：面向前、後穿越呼拉圈。左、右側身穿越呼拉
　　　　　圈。身體縱軸
　　　　　旋轉一圈穿過
　　　　　呼拉圈，待學
　　　　　生適應熟悉後
　　　　　進階至兩圈。

器　　材：呼拉圈。

水中蛟龍（二）

腿部動作：跑步。

手部動作：搭肩、手牽手。

隊　　型：排成1～4列直向或橫向或成列（依人數調整教學隊
　　　　　形）。

活動方式：各小組搭肩向前穿越呼拉圈，過程中隊形盡量不要
　　　　　中斷。小組
　　　　　牽手排一橫
　　　　　排，以跨越
　　　　　動作，橫向
　　　　　穿越呼拉
　　　　　圈。

器　　材：呼拉圈。

可依設定之拍子提示方向練習

腿部動作：跑步、跳躍前進。

手部動作：搭肩。

隊　　型：成圓圈隊形逆時或順時鐘方向進行變化。。

活動方式：四拍→轉半圈、六拍→轉一圈、八拍→轉一圈半，
　　　　　指導者下口
　　　　　令，提示學
　　　　　生配合口令
　　　　　變換方向。

器　　材：無。

競賽性的水中活動

水中排球

腿部動作：不限。

手部動作：不限。

隊　　型：不限。

活動方式：比賽開始前，兩邊平均分配球數。第一哨音：比賽
開始。第二哨
音：比賽結
束，球數少之
一方為勝隊。

器　　材：球網、氣球。

水中蜈蚣競走

腿部動作：跑步。

手部動作：搭肩。

隊　　型：排成一列。

活動方式：以「跑步」動
作最快速度抵
達終點者為獲
勝。

器　　材：無。

水球大賽

腿部動作：跑步、泳姿等。

手部動作：不限。

隊　　型：不限。

活動方式：得分：將球投進
防守方之球門，
即得一分。時間
到，得分較多者一方為獲勝。從後方抱人搶球者被
判犯規一次，球權判給對方。若傳球出界，則最後
碰及球之一方被判犯規，球權判給對方。

器　　材：球、球門（以呼拉圈或其他器材替代）。

傳球比賽

腿部動作：走路、跑步。

手部動作：手牽手。

隊　　型：分組。

活動方式：兩人面對面夾
一顆氣球，一
同橫向穿越呼
拉圈，傳給同
隊隊員，最快
完成之一方為獲勝。或是兩人背對背夾一顆氣球，
一同橫向穿越呼拉圈，傳給同隊隊員，最快完成之
一方為獲勝。

器　　材：呼拉圈、氣球。

水適能活力健走課程

面對高齡化時代的來臨，社會的各個層面都必須積極準備；在壽命延長的同時，擁有健康的身體才能夠維持良好的生活品質；採行健康的生活型態是保健的不二法門，而適當規律的身體活動又是健康生活型態中，不可或缺的一環。除了各種陸上健身運動及休閒活動外，「水中健走運動」為成年人及銀髮族等族群，提供了一個絕佳舒適的健身運動方式。

什麼是水中健走？

這是一種水中健身運動，這種運動方式和游泳不同，基本上是保持頭部出水，並以垂直的姿勢在水中操作全身性的運動，目的是為了增進健康、提升體適能。所以，只要不怕水性或略具識水性的人均可參加，就算不會游泳的人也可以參加，只要注意安全即可。

水中健走運動最適合哪些人？

水中健走運動是較適合成年人的運動，不分性別、不論體能狀況，均可以從事這項運動，尤其是較不適合從事陸上運動的高齡族群，或是曾經受過傷需要復健的患者，例如對於有下背不適、膝關節不適或患有關節炎等，水中健走運動能提供輕鬆、和緩、直立的運動方式，有利一般民眾增進維持日常生活基本體能，更能有效改善並降低身體不適的狀況；對於孕婦族、體重過重者等，也是相當適合。

水中健走動作說明

水中健走在動作上，有以下幾項重要的操作技巧：

1. 動作皆以自然和緩行走方式進行，隨時保持背部挺直、頭擺正、目視正前方、自然呼吸。
2. 行進時，儘量保持身體穩定，勿過度晃動或左右扭轉。
3. 每一步踩下時，都必須將腳跟著在底、膝蓋略為彎曲。
4. 欲加速行進時，會自然形成小跑步的狀況。
5. 運動過程中，若感覺身體發冷時，以水中暖身動作的跑步移位即可有效提高體溫。
6. 兩側肩膀與髖部必須隨時保持水平狀態，前進時，整個身體會略微前傾；後退時，應感覺整個背部頂水。
7. 當前進動作熟練後，可改變成倒退方式行進，手臂動作亦可作「輔助」或「阻礙」行進的變化。
8. 動作和行進速度的快慢，可依個人的能力自行調整。
9. 動作變化時，方向可改變成「之」字形路線前進。
10. 隨時保持中性自然正確的體線定位（良好的姿勢），例如耳朵、肩膀、髖部成一垂直線（如右圖）。

水中健走動作操作說明

1 跨步前進，雙手水平向後撥水

抬膝向前跨大步行進，雙手於肩膀水平高度向後方撥水，腳跨一步雙手向後撥水一次，輔助身體前進。

2 跨步前進，向雙手水平向前抱水

抬膝向前跨大步行進，雙手於肩膀兩側水平高度向前抱水阻礙前進，增加水的阻力訓練。

3 手腳協調，自然方式跨步前進

手腳動作協調，抬膝跨步向前進，手臂由前方自然方式切划行進，耳朵、肩膀、髖部、身體保持一直線。

4 抬膝跨步前進，手掌心向外／後撥水

手腳動作協調，抬膝跨步向前進，手臂由前方掌心向外畫半圓型，於肩膀水平高度向後方撥水，輔助行進。

5 抬膝跨步前進，手掌心向前／內抱水

手腳動作，協調抬膝跨步向前進，掌心向前，手臂由側邊肩膀水平高度畫半圓型向內抱水，阻礙前進。

6 抬膝跨步前進，手掌心向下／後撥水

手腳動作，協調抬膝跨步向前進，手臂由前方肩膀水平高度，垂直掌心向下畫半圓後撥水。

7 抬膝跨步前進，手掌心向前／上撈水

手腳動作，協調抬膝跨步向前進，手臂由髖部側邊，手掌心向前／上撈水於肩膀高度位置。

8 抬膝跨步前進，雙手置放下背部後方

雙手放置下背部後方，身體略微前傾行進，兩側肩膀與髖部均維持平行狀況。

9 抬膝跨步前進，雙手切划，置腰部兩側

雙手切划，掌心向下，手肘彎曲成90度，夾緊固定於腰部兩側位置，與身體成平面狀態前進。

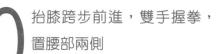

10 抬膝跨步前進，雙手握拳，置腰部兩側

雙手握拳，手肘彎曲成90度，夾緊固定於腰部兩側位置，與身體成平面狀態前進。

11

抬膝跨步前進，雙手成手杯狀，
置腰部兩側

雙手成手杯狀，手肘彎曲成90
度，夾緊固定於腰部兩側位
置，與身體成平面狀態前進。

12

抬膝跨步前進，雙手成蛙掌狀，
置腰部兩側

雙手成蛙掌狀，手肘彎曲成90
度，夾緊固定於腰部兩側位
置，與身體成平面狀態前進。

13 抬膝跨步前進，
雙手於肩膀兩側做切划動作

雙手手肘微彎平舉水平兩側，固定於肩膀高度，掌心向前做切划動作，身體稍微前傾狀態跨步前進。

14 抬膝跨步前進，
雙手於肩膀兩側做握拳動作

雙手手肘微彎平舉水平兩側，固定於肩膀高度，掌心向下做握拳動作，身體稍微前傾狀態跨步前進。

15 抬膝跨步前進，雙手於肩膀兩側做手杯動作

雙手手肘微彎平舉水平兩側，固定於肩膀高度，掌心向下做手杯動作，身體稍微前傾狀態跨步前進。

16 抬膝跨步前進，雙手於肩膀兩側做蛙掌動作

雙手手肘微彎平舉水平兩側，固定於肩膀高度，掌心向前五指張開成蛙掌動作，身體稍微前傾狀態跨步前進。

以上16組動作提供前進時雙手的示範圖片；依序動作若改變
成倒退方式進行，困難將會增加，對於協調訓練會有相當明顯的幫
助。除了前進倒退的改變之外，手部動作變化成單手進行，亦可增
加操作過程的樂趣性。另外，將向前行進的路線改變為「之」字形
路線，即可充分利用泳池的空間，提升課程的豐富性，而運動過程
全身的訓練，也相對隨之提升。

參 考 書 目

Evans, E. M. & Cureton, K. J. (1998). Metabolic, circulatory and perceptual responses to bench stepping in water. *Journal of Strength and Conditioning Research*, 12, 95-100.

Frangolias, D. D. & Rhodes, E. C. (1995) Maximal and ventilatory threshold responses to treadmill and water immersion running. *Medicine and Science in Sports and Exercise*, 27(7), 1007-1013.

Hoeger, W. W. K., Gibson, T. S., Moore, J. & Hopkins, D. R. (1993). A comparison of selected training responses to low impact aerobics and water aerobics. *National Aquatics Journal*, 9 (1), 13-16.

Kennedy, C., Foster, V., Harris, M. & Sockler, J. (1989, October). The influence of music tempo and water depth on heart rate response to aqua aerobics. Paper presented at IDEA Foundation International Symposium on the Medical and Scientific Aspects of Aerobic Dance, CA.

Knecht, S. (1992). Physical and psychological changes accompanying a 10 week aquatic exercise program. *AKWA Letter*, 5(5), 6.

McArdle, W., Katch, R. & Katch, V. (1991). *Exercise Physiology: Energy, Nutrition and Human Performance* (3rd Ed.), PA: Lea & Febiger.

Sanders, M. E. (1993). Selected physiological training adaptations during a water fitness program called wave aerobics. Thesis, University of Nevada, Reno.

Tsukahara, N., Toda, A., Goto, J., & Ezawa, I. (1994). Cross-sectional and longitudinal studies on the effect of water exercise in controlling bone loss in Japanese postmenopausal women. *Journal of Nutritional Science and Vitaminology*, 40(1), 37-47.

Wilber, R., Moffatt, R., Scott, B., Lee, D. & Cucuzzo, N. (1996). Influence of water run training on the maintenance of aerobic performance. *Medicine and Science in Sports and Exercise*, 28(8), 1056-1062.

國家圖書館出版品預行編目資料

水適能運動入門 / 柳家琪等編著；臺灣水適能
協會主編. -- 初版. -- 新北市：揚智文化，
2011. 05
面； 公分.
ISBN 978-986-298-004-0（平裝）

1.水上運動

528.96   100008301

水適能運動入門

編 著 者／柳家琪、詹淑珠、黃蕙娟、戴琇惠
主　　　編／臺灣水適能協會
出 版 者／揚智文化事業股份有限公司
發 行 人／葉忠賢
總 編 輯／閻富萍
執　　　編／宋宏錢
地　　　址／新北市深坑區北深路三段 260 號 8 樓
電　　　話／(02)8662-6826
傳　　　真／(02)2664-7633
E-mail ／service@ycrc.com.tw
印　　　刷／鼎易印刷事業股份有限公司
I S B N ／978-986-298-004-0
初版三刷／2018 年 3 月
定　　　價／新台幣 450 元